管理与创业实验丛书

江苏省实验教学与实践教育中心建设项目
江苏高校品牌专业建设工程资助项目（TAPP）

贡文伟 王建华 孙立成 等 编著

物流管理专业实训教程

TRAINING COURSE FOR LOGISTICS MANAGEMENT MAJOR

江苏大学出版社
JIANGSU UNIVERSITY PRESS
镇 江

内容提要

本书涵盖物流管理专业所有主干课程的实验指导，还包括工程经济学、设施规划与物流分析、国际物流课程的设计指导，旨在利用计算机网络技术、虚拟现实技术、仿真技术、信息管理与决策技术等多种技术手段，使实验室充分体现现代物流技术的特点，将理论教学与实践教学有机融合，使学生通过系统实验掌握基本的物流管理理论和业务操作能力。

本书可作为物流管理专业本科生、研究生及物流管理专业培训班的实验教材，也可供从事物流管理、教学、研究及实际工作的人士参考。

图书在版编目(CIP)数据

物流管理专业实训教程 / 贡文伟等编著. — 镇江：江苏大学出版社，2017.8
ISBN 978-7-5684-0563-8

Ⅰ. ①物… Ⅱ. ①贡… Ⅲ. ①物流管理—高等学校—教材 Ⅳ. ①F252

中国版本图书馆 CIP 数据核字(2017)第 212801 号

物流管理专业实训教程
Wuliu Guanli Zhuanye Shixun Jiaocheng

编　　著/贡文伟　王建华　孙立成 等
责任编辑/杨海濒
出版发行/江苏大学出版社
地　　址/江苏省镇江市梦溪园巷 30 号(邮编：212003)
电　　话/0511-84446464(传真)
网　　址/http://press.ujs.edu.cn
排　　版/镇江华翔票证印务有限公司
印　　刷/虎彩印艺股份有限公司
开　　本/718 mm×1 000 mm　1/16
印　　张/14
字　　数/230 千字
版　　次/2017 年 8 月第 1 版　2017 年 8 月第 1 次印刷
书　　号/ISBN 978-7-5684-0563-8
定　　价/36.00 元

序

近年来,社会对于高校大学生的实践能力要求越来越高,但是大学生群体所具备的实践能力普遍不能够满足社会和企业的需要,尤其是对于管理类大学生实践能力的培养与社会需要之间存在的脱节现象,严重影响了人才培养目标的实现。高校迫切需要把培养学生的实践创新能力作为教育改革的重点,特别是管理类专业,其实践性和应用性要求很高,传统的理论教学模式无法满足管理能力培养的需要,因此,就更应加强实践培养模式和课程体系的创新,不断推进实践教学内容和教学方法的发展,而实验教学则是提升大学生实践创新能力的重要途径。

我国正处于"大众创业,万众创新"时代,大学生是"大众创业,万众创新"的主力军。2015 年 5 月,国务院发布《关于深化高等学校创新创业教育改革的实施意见》,文中既强调深化高等学校创新创业教育改革是国家实施创新驱动发展战略、促进经济提质增效升级的迫切需要,是推进高等教育综合改革、促进高校毕业生更高质量创业就业的重要举措,又突出要求各高校加强专业实验室、虚拟仿真实验室、创业实验室和训练中心建设,完善国家、地方、高校三级创新创业实训教学体系,深入实施大学生创新创业训练计划,开展创新创业实践活动。

江苏大学管理与创业综合实验中心是江苏省省级实验教学与实践教育中心,2015 年被教育部评为"全国高校实践育人创新创业基地",其教学团队已经构建起较为完整的管理与创业教学体系和先进的教学模式,其中"创业人生""创业管理"先后被评为国家精品视频公开课和国家精品资源共享课,《"塔式"立体化中小企业创业人才培养模式研究与实践》获国家教学成果二等奖和江苏省教学成果特等奖。管理与创业教学团队在多年的教学实践过程中,深刻认识到创业实践训练是创业管理教育中特别重要的一环,但也是相对薄弱的环节,要想让每位学生直接参加现实的管理与创业实践活动,显然在时间、成本、实际操作上都难以承受,而通过实验教学,模拟从事创业活动全过程的真实环境,让学生以最短的时间、最低的成本,完成相关管理与创业实践活动,从而实现管理与创业教育从单纯的理论教学走向理论与实践相结合的实训，具有重要的意义。

教学团队通过深入分析实验、实践教学与信息技术的发展趋势，引入模拟、实践相结合的管理与创业综合实战的设计思路，用信息技术、网络技术、教学软件等构建起管理与创业综合训练的创新教学实验平台，从实验、实践教学内容层面、模式层面、管理层面、技术层面进行了一系列的探索与创新，从而实现了实践教学层次化、实验模式多样化、实训内容综合化、实践环境真实化、学习资源共享化、教学管理信息化，为学生提供更为真实的实验教学体验。

"管理与创业实验丛书"是对上述实验、实训教学原则、教学思想、教学方法、教学手段和教学经验的归纳和总结，在编写过程中，力求顺应我国促进实验、实践教学改革的要求，采用分层次综合实验教学体系，依据管理与创业实验教学"实验、实训、实践、实习、创新"循序渐进的原则，让学生遵循"观、做、感、改、创"5个基本过程进行训练，巩固所学知识，提高实际动手能力，促进学生个性发展；努力构建以基础课程训练为主的基础课程实验层次，以专业课程训练为主的专业课程实验层次，以培养综合专业能力为主的综合设计实验层次，以培养自主创新、创业、研究能力，提升综合素质的综合实训、实习层次的实验课程教学体系。该丛书汇集了教学团队多年积累的大量的实验教学素材、案例、心得和体会，在综合考虑管理类各专业学科间所具有的相互融合趋势的基础上，为师生提供一个能够模拟企业经营管理各项职能、运作过程及互动关系，综合管理实验、创业实践，跨专业综合实训、实习的富有特色、较为完整的实验教学范本。

丛书的编写倾注了江苏大学管理与创业教学团队教师的大量心血，希望能为我国管理与创业实验教学资源添砖加瓦，为培养大学生的实验、实践能力提供借鉴和帮助。

管理与创业实验实践教育的改革远未完成，高水平的管理与创业实验实践教材还相对匮乏，需要更多有志于从事管理与创业教育的同仁共同努力，使之臻于完善，从而为培养更多具有创新、创业能力的管理人才做出应有的贡献。

2016年4月于江苏大学

前　言

随着物流行业的飞速发展，企业对物流管理专业人才的需求愈加迫切，合格的专业人才能够使用最恰当的手段，在最短的时间内满足用户的需求，推动行业快速发展。鉴于物流专业环节多、系统性强、科技含量高、理论与实践联系紧密等特点，高校物流管理专业教育既要注重对物流理论知识的传授，把握物流发展的脉搏，更需要注重对学生实际业务操作能力的培养，因此，实践教学显得尤为重要。

在实施理论教学过程中，通过大量的实验项目和课程设计来辅助教学，在课堂理论教学的基础上，把学生应该掌握的基本知识和技能通过系统的实验和课程设计项目加以强化训练，从而达到更好的教学效果。

按照物流管理专业的培养目标和要求，结合专业课程大纲，设置了本实验教学体系，主体部分是各专业课程的实验指导书，包括物流系统论、系统工程、现代物流装备与技术、配送管理、物流系统规划与设计、生产物流系统建模与仿真、物流管理信息系统、ERP 原理与实施、供应链管理等。此外还包括工程经济学、设施规划与物流分析、国际物流等的课程设计指导书，供师生参考。

本实验和课程设计指导书是江苏大学管理学院工业工程系各位教师和相关实验室人员在多年开发实验项目和积累的实践教学经验基础上整理完成的。它涵盖了物流管理专业的所有专业主干课程和部分选修课程的实验和课程设计。

本书共有 12 章，第一、二章由赵艳萍编写，第三章由陈骏编写，第四章由彭永涛编写，第五章由王建华编写，第六、七章由廖瑞辉、王友发编写，第八章由曲亚萍编写，第九章由孙立成编写，第十章由罗建强编写，第十一章由贡文伟编写，第十二章由赵秀丽编写，全书由贡文伟统稿。工业工程系的刘曦老师为本书编写提供了帮助和指导，江苏大学出版社的杨海濒老师为本书的出版做了大量的工作，在此一并表示感谢。

由于编者水平有限，加之时间仓促，缺点、错误在所难免，请读者批评指正。

贡文伟

2017 年 6 月

目 录

第一章　物流系统论

实验一　物流系统的流体和载体辨析

一、 实验目的和要求

（1）通过观察圆通速递（或顺丰、申通等快递）、中国邮政和超市对包装的处理方式，进一步思考并明确物流流动要素中流体和载体的概念范畴。

（2）运用所学的物流知识，探讨关于载体运费承担的解决方案。

（3）练习运用系统思维来分析和解决物流问题。

（4）熟练制作 PPT 文件，训练团队合作。

二、 实验内容

物流系统的流动要素由流体、载体、流向、流量、流程、流速和流效构成，本实验的实验对象是其中的流体和载体。

流体指物流的对象，即物流中的“物”，一般指物质实体，但现在已经扩展到了服务和相关信息上，流体既具有自然属性又具备社会属性。

载体是指流体借以流动的设施设备，物流的载体分为基础设施和设备，载体是物流系统最重要的资源。

为了让学生更好地了解物流七要素知识，本实验选择具有代表性的国内外比较著名的两家公司——圆通速递和中国邮政快递作为实验对象。

圆通速递（物流）是国内大型民营快递品牌企业，成立于 2000 年 5 月 28 日，已发展成为拥有 10 个管理区、58 个转运中心、5 100 多个配送网点、5 万余名员工，服务范围覆盖国内 1 200 多个城市的企业。公司立足国内，面向国际，致力于开拓和发展国际、国内快递、物流市场。中国邮政快递是国内著名的快递公司,中国邮政局于1985年成立中国速递服务公司,负责国内速递、国际速递、合同物流等业务。

实验要求学生对两家公司的快递业务进行调查,详细了解这两个公司是如何为用户寄递的包裹称重和收费的。通过实验可以帮助学生加深对物流流体、载体的理解。

本实验要求将全班学生按5~6人一组进行分组,每位小组成员都要参与本实验。

三、 实验设备、材料及软件

无。

四、 实验步骤及方法指导

(1) 通过网上查询或者亲自到圆通速递和中国邮政的营业厅,收集他们邮寄包裹的计重和收费依据。

(2) 对收集到的计重和收费依据进行整理和对比分析,记录两者的共同点和不同之处。

(3) 亲自给家人或朋友邮寄一份礼物,观察这两个公司营业员的操作步骤,并形成书面材料。

(4) 追踪他们邮寄包裹的全过程。邮递包裹的过程见表1-1。

表1-1　邮寄包裹的过程

步骤	时间	转运信息	备注
发货			
……			
到达收货人			

(5) 观察顾客在超市购买糖果时,售货员如何称重和计费,并与上述两者进行对比分析。

(6) 以小组为单位展开讨论。讨论时每个小组成员需要将收集到的资料与其他成员共享,讨论要以思考题为中心开展。

(7) 把讨论结果制作成 PPT 文件,在课堂上进行陈述。

五、 思考题

(1) 圆通速递、中国邮政、超市的塑料包装袋是流体还是载体,它们的运费应由谁来承担? 为什么?

(2) 圆通速递、中国邮政、超市通过什么方式可以避免由消费者来承担载体的运费?

六、 实验报告

按小组完成一份物流系统的流体和载体辨析实验的报告。按具体格式要求撰写。

实验二 国内外物流企业增值服务分析比较

一、 实验目的和要求

(1) 了解我国物流企业(50 强)及物流增值服务基本状况,跨国公司物流企业 exel 的物流增值服务的基本情况。

(2) 分析比较 exel 公司与中国同类物流企业物流增值服务的差异。

(3) 设计将该 exel 公司案例应用于中国同类物流公司的建议方案。

(4) 熟悉 Word 文档及 PPT 的制作,训练团队合作。

二、 实验内容

物流系统功能通过物流服务供给与需求双方协商确定,需求和供给最后在市场上达成平衡。包括物流系统的基本服务功能与增值服务功能。

本实验选择国外著名 exel 物流公司及国内有代表性的物流企业的物流增值服务功能作为实验对象,实验要求学生阅读并了解 exel 物流公司增值服务功能的实现状况,对国内 2~3 家物流公司发展概况、业务范围、增值服务进行调查,并进行分析,比较异同点,帮助学生加深对我国物流企业及物流业发展水平的认识。

本实验要求将全班学生按5~6人一组进行分组,每位小组成员通过分工合作参与本实验。

三、 实验设备、材料及软件

计算机。

四、 实验步骤及方法指导

(1) 每班共分8个小组,每2个小组为一个大组(4大组/每班)。

(2) 打开www.exel.com网站,在主页中找“Who We Serve”下拉菜单,每一个大组(2个小组)选择“Automotive, Chemical, Life Sciences等”中同一个行业。

(3) 从中选择一个案例(每2个小组可以有不同选择),先简单介绍exel的案例,可以用网页材料;再分析和归纳该案例的特点和适用条件。

(4) 选择一家中国物流公司(每2个小组可以有不同选择),但该公司的业务类型、增值服务与exel案例中的一致或类似。

(5) exel公司与各小组选择的中国物流企业的增值服务的比较分析。

(6) 每个小组提出各自的建议,如何在该中国公司实施exel案例中介绍的物流增值服务。

(7) 所有以上内容按班级共4大组以Word电子文档的形式提交至指定邮箱,篇幅不少于4页A4纸。

(8) 课堂汇报,每班选择4个小组(同类型只选择1组)进行交流,每小组10分钟。

五、 实验报告

每个小组结合课堂讨论的结果和初次报告再提交一份本次讨论的最终书面报告《物流企业物流增值服务案例分析报告》,按具体格式要求撰写。

第二章　系统工程

实验一　系统环境分析

一、 实验目的和要求

(1) 根据教师提供的问题,进一步明确系统环境分析的因素范畴。

(2) 运用所学系统环境分析的知识,结合个人的职业生涯规划,对其进行环境因素分析和目标树的建立。

二、 实验内容

认识和把握系统环境的因素。系统环境主要由三大因素构成:

(1) 物理和技术环境因素。它是系统存在的基础,即由于事物的属性所产生的联系而构成的因素和处理问题中的方法性因素。

(2) 经济的和经营管理环境因素。它是系统存在的根本目的,是影响系统经营状态和经济过程的因素。

(3) 社会的(人际的)因素,来自于人或集团关系。它是系统存在的基本依据。

系统分析的任务就是从大量的环境因素中,根据系统问题的特殊性,确定出哪些因素是重要的,是必须分析考虑的。通常采用抓主略次、特尔菲法、头脑风暴法。

为了让学生更好地了解系统环境分析的基本要素知识,以“在镇江建立一汽汽车基地”为对象,分析讨论后,确定应考虑哪些环境因素。

最后综合内部条件与外部环境,运用 SWOT 分析法构造 SWOT 矩阵,设定系统的目标与方向,形成系统的发展战略。

本实验要求将全班学生按5~6人一组进行分组讨论，每位小组成员都要参与本实验教学。

三、 实验设备、材料及软件

无。

四、 实验步骤及方法指导

（1）在讲述“系统环境分析”前，根据教师提供的问题背景，形成小组拟定分析的问题，组建5~6人的小组，并确定拟分析问题的初步结论。

（2）由教师组织，课堂提出交流各小组结论，最后形成讨论结果。

（3）对比系统环境分析的理论内容，找出差异，建立完整的理论知识。

（4）运用SWOT分析法，设定系统的目标与方向。

（5）运用目标—手段法建立系统目标树。

五、 实验报告

（1）以个人的职业生涯规划为例，用SWOT分析法、目标—手段分析法对其进行环境因素分析和目标树的建立，完成相应的报告一份。

除标题、作者以外，正文须包括实验目的与要求，外部环境分析、个人自身因素分析、SWOT矩阵构建、个人发展目标与方案制订，通过分析建立个人发展的目标树。可根据各人的不同情况做一定调整。

（2）报告撰写须采用规范的学术语言，须符合学术论文格式，具体请参考《江苏大学学报（社会科学版）》排版要求。

实验二 系统分析基本原理的应用

一、 实验目的和要求

（1）结合实际提出一个可用系统分析原理加以分析的具体问题。

（2）运用系统分析原理及其分析方法，探讨解决具体问题的思路与方案。

（3）结合课程所学内容初步掌握查阅文献的途径和方法。

（4）训练团队合作。

二、实验内容

结合课程内容，阅读学术刊物上的管理学及系统工程、工业工程物流管理等方面文章或研究报告。

通过观察现实社会经济系统、学习生活环境系统，结合实际提出一个需要解决的问题，运用所学系统分析原理进行分析，提出解决该问题的思路与方案。

将全班学生按 3~5 人进行分组，每位小组成员都要参与实验教学活动。

三、实验设备、材料及软件

计算机。

四、实验步骤及方法指导

（1）在“系统分析”一章结束后，结合实际提出一个可用系统分析原理加以分析的问题，以此为基础，组建 3~5 人的系统分析小组，并以此为单位提出拟分析的问题。确定的选题须经小组讨论后联系任课教师，经同意后方可进行分析。

（2）结合课程内容，指定主要阅读刊物，如《工业工程与管理》《工业工程》《系统工程理论与实践》《系统工程》《系统工程理论、方法与应用》等。

（3）随着课程内容的推进，各小组完成应用系统分析报告的框架及分析解决的具体内容，结课前在全班进行交流；课程全部结束后，完成正式的系统分析报告。实验报告的撰写须联系任课教师指导，经修改后正式提交报告。

五、实验报告

（1）按小组以小论文形式完成一份系统分析基本原理应用的报告。除标题、作者以外，正文须包括实验目的与要求、引言（研究背景及意义）、研究主题的现状分析、基本原理或方法（至少一个）的应用过程分析、结论（结果讨论或建议）几部分。可根据选题的不同做一定调整。

（2）论文撰写须采用规范的学术语言，须符合学术论文格式，具体请参考《江苏大学学报（社会科学版）》排版要求。

第三章　现代物流技术装备

实验一　条形码设计应用实验

一、实验目的和要求

（1）掌握条码编制软件的安装和基本操作使用方法。

（2）熟悉各种条码的类型。

（3）掌握普通商品条码的编制，并熟练使用条码设计软件实现其批量编制与打印。

（4）掌握用条码编制软件设计生成物流标签。

二、实验内容

（1）阅读课本条码技术相关内容，了解条码的原理及应用。

（2）熟悉 Label mx 条码制作系统的操作。

（3）应用 Label mx 条码制作系统进行实际编码操作。

三、实验设备、材料及软件

（1）条码打印机。

（2）扫描仪。

（3）Label mx 条码制作系统。

四、实验步骤及方法指导

进入软件帮助文档，阅读"菜单介绍""标签的创建""标签的编辑"3 个子目录，并在软件中进行相关的操作验证，以学会软件的基本使用方法。

（1）在软件中编制显示任意解释行的 4 种商品条码（EAN-13，EAN-8，UPC-A，UPC-E）。

（2）在软件中编制显示任意解释行的多种物流单元条码（ITF-14，EAN/UCC128，库德巴码，SSCC-18）。

（3）在软件中编制显示信息内容为本人班级、学号、姓名的 PDF417 码、QR Code 码、Data Matrix 码、Maxi Code 码并显示，对于其中 QR Code 码，双击打开 PsQREdit_chs 软件，用屏幕抓取方式识读验证其内容。

（4）某服装企业主要生产西服，其向中国物品编码中心申请获得的厂商识别代码为 69286172，商品项目代码目前已使用到第 0069 号，表 3-1 是企业近期订单的情况，请为该笔订单涉及的商品编制商品条码。

表 3-1　企业订单情况

商品条码	名 称	面料	规格
6928617200702	1 品牌男西服	B 2163A	58B
6928617200719	1 品牌男西服	B 2163A	56B
6928617200726	1 品牌男西服	B 2163A	54B
6928617200733	2 品牌男西裤	W 2389A	33/44
6928617200740	2 品牌男西裤	W 2389A	33/45
6928617200757	2 品牌男西裤	W 2389A	33/46

五、实验报告

（1）结合实验结果说明服装企业采用的编码方法及相应的编码方案。

（2）如果增加女装品种信息应如何进行编码。

（3）总结说明编码过程中有可能造成一物多码或者多物一码的原因，并分析应采取的措施。

（4）结合实验编码要求，在说明条码基本类型及特点的基础上总结选择条码类型的依据。

实验二　自动化仓储设备认知演示实验

一、实验目的和要求

(1) 综合训练自动化仓储设备有关单元技术集成的原理,巩固和加强对理论的认识和理解。

(2) 熟悉自动化仓储设备基本结构和原理,并通过对实验装置的操作和对实验现象的观察,使学生掌握一定的基本实验技能,积累一些感性认识。

(3) 通过对实验项目的设计和操作,培养学生的创新思维和动手能力、处理一般工程技术问题的初步能力,以及实事求是的科学态度。

二、实验内容

(1) 了解自动化仓储设备基本结构及其原理。

(2) 按自动化仓储设备集成的基本操作方法进行现场操作。

三、实验设备、材料及软件

(1) 自动化立体仓库及一套能自动装卸的运输系统。

(2) AGV 小车。

(3) 一套计算机控制系统及信息通信网络。

四、实验步骤及方法指导

(1) 开展小组讨论,确定每组同学用立体库储存货物的品种,明确不同管理人员的职责,确定货物编码的基本方案。

(2) 对不同类型的货物进行标识,分析标识的选用原则。

(3) 根据设定的原则进行货架的标识,确定货架的编码方法,根据条件进行自动化立体库的存储位置管理,制定可行的存储方案。

(4) 了解自动化仓库的基本组成,熟悉仓库管理的基本流程;根据设定的要求进行出入库作业,并对作业能力进行评价。

(5) 根据设定的作业任务完成作业流程优化设计。

五、 实验报告

（1）总结以上实验内容，画出立体库的系统结构，说明它的优缺点。

（2）依靠数字化的管理技术手段可以实现立体仓库存放货物的标准化管理，请设计立体库货位管理的思路，对比分析不同货位管理方法的适用性。

（3）结合实验结果总结出立体仓库出入库能力的计算方法。

实验三 电子标签辅助分拣实验

一、 实验目的和要求

（1）掌握电子标签软件的安装和基本操作使用方法。

（2）熟悉电子标签的类型。

（3）掌握用电子标签软件设计生成物流标签的方法。

（4）掌握播种式分拣和摘果式分拣的作业特点和适用情况。

二、 实验内容

（1）阅读课本电子标签技术相关内容，了解电子标签的基本原理。

（2）根据实验案例的要求设计分拣系统，根据不同形式的拣选作业，对比分析不同拣选形式的适用性。

（3）通过电子标签分拣系统的运行，总结电子标签分拣系统的主要性能参数，并根据给定的订单进行分析，确定不同的拣选策略。

三、 实验设备、材料及软件

（1）电子标签一套、货架一组。

（2）电子标签制作系统。

四、 实验案例及步骤

（一）案例

2010 年 02 月 20 日，配送中心接到某供应商的送货，配送中心入库管理人员接收货物验收完之后，要进行入库作业，入库商品是10个肥皂盒和100个杯托。

2010年02月20日，配送中心接到某商店订货，拣货人员按照订单进行拣选，拣货订单主要包括以下商品：10包纸巾、20个杯托和10个肥皂盒。

2010年02月20日，配送中心拣货人员发现浴巾缺货，将信息传给补货人员，补货人员按照要求，补入100条浴巾。

2010年02月28日，配送中心盘点人员利用手持终端设备进行盘货。

（二）步骤

将该案例用一个信息系统安排进入库、分拣、盘点和补货计划，以及人员的岗位分配。具体步骤如下：

（1）首先打开电子标签，当所有电子标签显示器全部亮了以后就表示电子标签打开成功。

（2）使用电子标签功能前应该生成一张订单，然后再根据订单进行拣货。

（3）入库，打开电子标签订单设置程序。点击“入库”按钮，进入入库单设置界面，对入库单进行设置。点击“新建入库单”，选择要入库的内容。选择数量，按“生成入库单”即可。定单完成之后就可以进入电子标签拣货系统执行订单了。

进入系统后，点击“入库”按钮，进入入库界面，输入入库单中已经设定的条码并开始入库。

这样数据就发送到电子标签上，工作人员根据这个提示就知道是入库，点击电子标签，就会出现相应的数字，根据订单显示器上的条码进行相关的入库操作。

（4）摘取式分拣。设置订单：进入分拣订单设置界面，单击“摘取式分拣”进行设置。

点击“新建订单”，输入订单号（会自动生成订单号，可以修改），生成订单。选择客户需要的物品和对应数量就可以了。

点击“生成订单”，一张订单就制作完成了，可以继续建立下一张订单。

当所有订单都建好后，就可以进入电子标签分拣的执行系统进行分拣。

点击“摘取式分拣”按钮，进入该进程。点击“顺序分拣”按钮进行分拣。分拣完成以后就可以得到分拣完成的提示。

（5）补货。当摘取式分拣数量不够时，在电子标签上按“向下”会产生补货请求，并产生一张补货单。

进入“电子标签拣货系统”的执行程序，点击“补货”按钮，进入补货界面，输入要补货的条码，完成补货请求。

（6）盘点。点击电子标签盘点，发出电子标签盘点指令。盘点指令发出之后，进入“电子标签拣货系统”。

五、实验报告

（1）根据实际拣选作业情况，说明人工分拣作业时间主要花费在哪些操作上。

（2）根据实际作业情况，说明电子标签分拣有哪些优点。

（3）绘制电子标签分拣系统构成图，并说明各部分的主要功能。

（4）根据拣选作业结果说明播种式拣选与摘果式拣选分别使用于何种情况。

实验四　RFID 技术应用演示实验

一、实验目的和要求

（1）了解 RFID 的基本原理和读写设备的使用。

（2）掌握 RFID 的性能和选型方法。

（3）熟悉 RFID 系统设计方法。

二、实验内容

（1）实验通过 RFID 设备进行电子标签的识别和读取，测试 RFID 设备性能，得出其性能评价指标。

（2）实验中通过电子标签识别货物，采用 RFID 标签对存储介质进行标识并进行信息的读取。

（3）通过 RFID 标签完成出入库等物流作业，并进行对比分析。

三、实验设备、材料及软件

（1）无线传感实验平台。

（2）货架一套，货物一套。

（3）RFID 货架专用高频读写器。

四、 实验步骤及方法指导

配置使用 RFID 智能货架系统，对实验设备进行查询、盘点和管理。

（1）运行货架管理软件，选择高频，并打开相应串口。

（2）选择“串口读写实验”，可利用该窗口实现低频、高频及超高频的读写。

（3）设备管理。对货架上的设备进行管理，可增加、删除、修改设备。

（4）设备盘点。可对货架上实际的设备进行盘点，与软件系统中的设备清单相比较，如果没有监测到软件系统的设备清单中的某个设备，则该设备被显示为深蓝色。同时，设备盘点功能还能显示每个设备在货架上的摆放位置。

五、 实验报告

（1）结合实验操作说明不同频率标签的性能区别。

（2）结合物流作业要求，通过相应设备修改标签存储信息的格式和位数，验证其满足需求的程度。

（3）采用电子标签对纸箱、玩具、食品等货物进行标识，总结货物物理属性和化学属性对标识的影响。

（4）结合实验操作，提出对货物实现防盗、自动盘点等功能。

实验五　物流集装单元器具应用实验

一、 实验目的和要求

（1）了解物流集装单元器具的组成和分类。

（2）了解物流集装单元器具的使用规范。

（3）认识物流集装单元器具与物流标准化的关系。

二、 实验内容

（1）通过观察使用不同结构、不同材质的托盘、集装箱，对比其性能参数，总结其适用性。

（2）通过不同种类的箱式货物在不同种类的托盘上采用不同的堆垛方法进行对比测试，分析各种堆垛方式的适用性。同样，对集装箱也可进行类似操作。

（3）在操作过程中分析如何考虑物流模数的设定及其影响因素，对物流标准化的制定原则有进一步的了解。

三、实验设备、材料及软件

（1）各种托盘。

（2）集装箱。

（3）不同种类的纸箱若干。

四、实验步骤及方法指导

（1）利用实验室现有设备，观察、测量不同结构类型的托盘、集装箱，重点了解不同结构对容器性能的影响。

（2）通过实际加载操作，分析不同材质的托盘对性能的影响。

（3）到港口码头实地考察集装箱、集装袋等物流器具的使用情况。

（4）选择一种纸箱盒子，利用不同的组合方式对实验用托盘、集装箱等进行堆垛，观察不同种类的堆垛对托盘、集装箱利用率的影响。

（5）通过实验测试数据分析物流设计模数的设定原则。

（6）对比分析采用托盘单元化作业和非单元化作业之间的差异。

五、实验报告

（1）对比分析不同结构类型托盘、集装箱的性能特点，并在此基础上分析其适用性。

（2）对比分析不同材质托盘的性能特点，并在此基础上分析其适用性。

（3）根据实测数据绘制各种不同组合形式的堆垛方案图，并说明不同类型堆垛方案的适用性。

（4）结合实验操作说明可以提高货物堆垛稳定性的具体措施。

（5）通过实验说明使用托盘、集装箱可以为物流系统运作带来哪些好处。

第四章　物流系统规划与设计

实验一　区域物流 L-OD 需求预测实验

一、 实验目的和要求

（1）掌握 L-OD 需求预测原理与方法。

（2）熟悉预测 TVFS 软件的应用。

二、 实验内容

（1）应用弹性系数法预测物流生成量。

（2）运用平均增长系数法预测物流分布量。

（3）画出未来 5 年及 10 年的物流期望线图。

三、 实验设备、材料及软件

（1）计算机。

（2）TVFS 预测软件。

四、 实验步骤及方法指导

打开软件，了解软件的应用功能，并在软件中进行相关的操作验证，以学会软件的基本使用方法。

（1）选择预测的地区对象，对预测区域进行小区划分，得到小区数目，通过现实调查得到小区基年的基础数据，设计预测年度一、预测年度二。

（2）设计物流的弹性系数，查找近几年预测区域的 GDP 增长率。然后点击弹性系数模块预测物流生产量和发生量，具体如图 4-1 所示，输入数据，然后点击“计算”，输出结果。

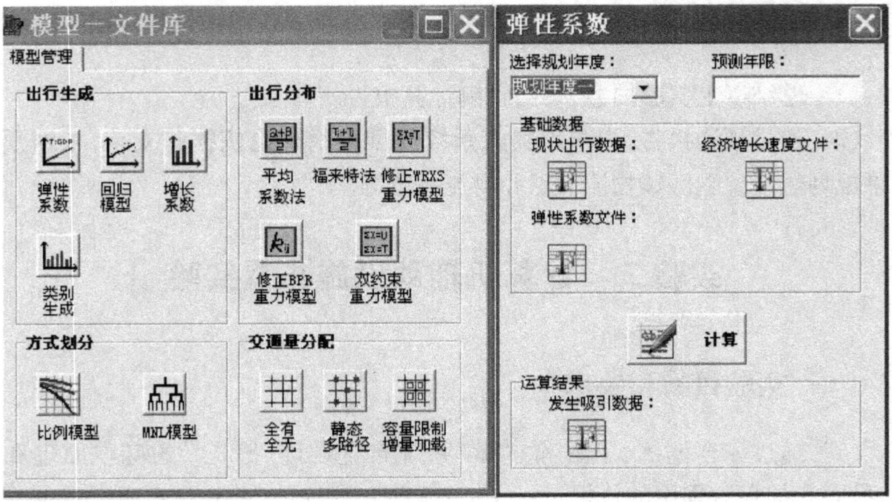

图 4-1　弹性系数模块预测物流生产量和发生量

（3）通过基年小区的分布量和物流预测的生产量，采用平均系数法模块预测未来小区分布量，具体如图 4-2 所示，输入数据，然后计算输出结果。

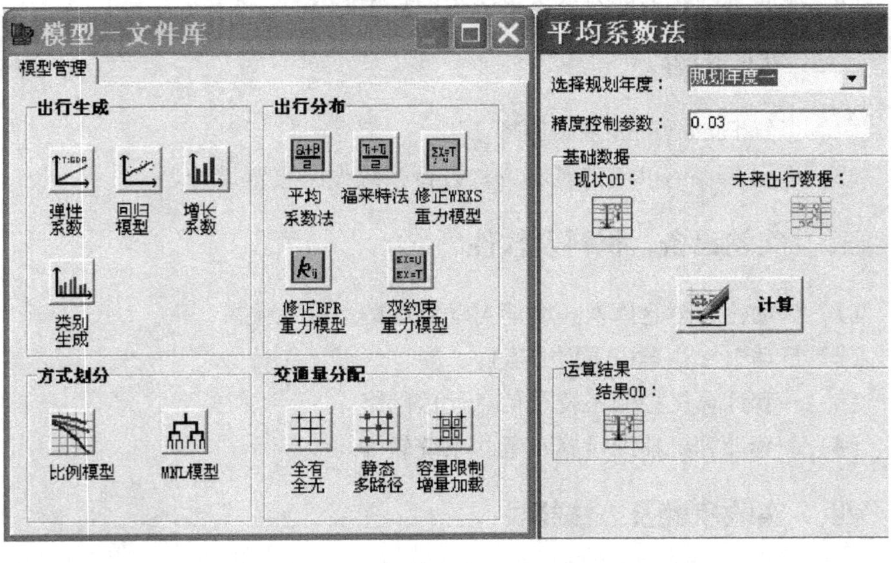

图 4-2　采用平均系数法模块预测未来小区分布量

（4）最后根据预测的小区分布量，通过软件期望线模块画出小区期望线图，得到预测区域和外界物流交互的空间分布。

五、实验报告

（1）总结以上实验内容，得出预测计算报告。

（2）通过预测报告，为未来物流系统规划提供理论依据和支持，根据预测结果规划建设预测区域物流节点和物流通道等。

实验二　计算机辅助设施布置实验

一、实验目的和要求

（1）通过综合训练，了解和掌握"系统布置设计（SLP）"的基本原理和方法，巩固和加强对理论的认识。

（2）熟悉 FactoryPlan 基本原理，并通过对实验装置的操作和对实验现象的观察，使学生掌握一定的基本实验技能，积累一些感性认识。

（3）通过对实验项目的设计和操作，培养学生的创新思维和动手能力，解决实际设施布置问题的能力及实事求是的科学态度。

二、实验内容

（1）了解 FactoryPlan 基本原理。

（2）运用 FactoryPlan 的基本方法进行系统设施布置设计。

三、实验设备、材料及软件

（1）自动化立体仓库及一套能自动装卸的运输系统。

（2）自动引导小车（AGV 小车）。

（3）一套计算机控制系统及信息通信网络。

（4）一套计算机辅助设施布置的系统软件。

四、实验步骤及方法指导

制造车间可能包括多种操作单元，各单元需要一定的作业空间，并且，各单元之间具有一定的相关性，可以通过 FactoryPlan 来自动布置工作单元，使它们满足相关性要求。实验要求作业单元及其相关信息见表 4-1 和如图 4-1 所示。

表 4-1　作业单元及相关信息

作业单元名称	所需面积/m^2	说明
WC_1	200	处理 1
WC_2	250	检验
WC_3	250	加工 2
WC_4	400	加工 1
WC_5	100	办公室
WC_6	360	办公室
WC_7	350	加工 3
WC_8	250	处理 2

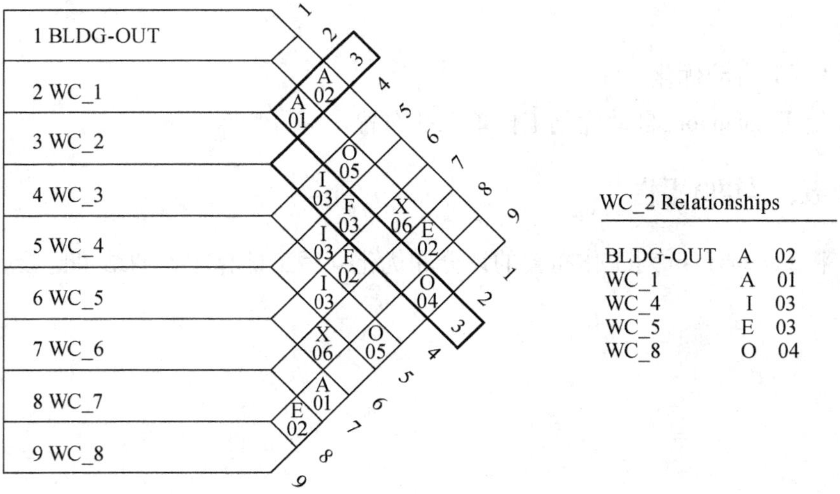

图 4-1　作业单元及相关信息

Factory Plan 分三步来进行分析。

（一）输入活动单元名称和面积数据

（1）在 Factory Plan 中新建文件。

（2）通过菜单“Chart/Data”→“Edit Relationship File（FPEDIT）”，以及

"Activity/Department"对话框,设定 8 个工作中心(WC)。

(二) 输入相互关系数据

(1) 在"Activity/Department"对话框中先选定 WC_1,然后选"Edit Relationships",在弹出对话框"Matrix Editor"中编辑它同其他工作中心的相关程度。

(2) 重复步骤(1),设定其他 7 个工作中心与其他工作中心的相关程度。

(三) 生成相关图

(1) 选"Diagram"→"draw relationships"来自动生成相关图。最先生成"A"级关系的工作中心位置相关图。系统先提醒指定工作中心的位置,请用鼠标在图形中任选一个位置,依次执行即可。

(2) 选"Diagram"→"next relationships"来设定"E"级关系的工作中心位置。

(3) 选"Diagram"→"next relationships"来设定"I"级关系的工作中心位置。

(4) 重复步骤(3),设定余下的工作中心级别关系。

(四) 评分

选定"score"菜单对设定的工作中心相关图评分,再调整,再评分,进行手工优化。

(五) 自动优化

使用"planopt"自动优化工作单元的布置。

五、 实验报告

将 FactoryPlan 对工作布置的评分和优化同手工计算布置的结果比较。

第五章　生产物流系统建模与仿真实验

实验一　熟悉 WITNESS 仿真平台基础实验

一、 实验目的和要求

(1) 熟悉 WITNESS 操作界面。

(2) 掌握如何打开、运行仿真模型。

(3) 熟悉 WITNESS 中 Part、Machine、Buffer 元素统计报告的生成和分析。

(4) 能够对照仿真示例程序对仿真模型进行全新构建。

二、 实验内容

(1) 打开 WITNESS 仿真系统，熟悉 WITNESS 仿真系统的菜单、窗口、工具栏。

(2) 打开示例仿真模型，对模型中元素参数和流程的设计内容进行浏览学习。

(3) 通过运行工具栏分别运行仿真模型至 1 440 分钟和 2 880 分钟，并对 Part、Machine 和 Buffer 元素的统计报表进行分析。

(4) 在新的 WITNESS 窗口重新构建示例仿真模型。

(5) 整理数据并撰写实验报告。

三、 实验设备、材料及软件

(1) 安装 WINDOWS 操作系统和 WITNESS2008 版本以上的计算机。

(2) WITNESS 仿真模型文件：Exp1－smallFactory. mod。

（3）Office 办公软件。

四、 实验素材

小型加工厂 F 从事的是来料加工业务，即顾客将所需要加工的材料送至加工厂，然后由加工厂运用人力或机器进行加工并将产品发送给顾客，加工厂收取加工费。加工厂 F 配备了两台不同类型的机床 MachA 和 MachB 分别用于加工客户需求的两种零件 A 和 B。根据以往数据统计获得：

（1）A 类和 B 类订单到达加工厂的时间间隔分别服从均值为 1.5 天和 2 天的负指数分布，每个 A 类订单中所需要加工的 A 零件数量服从[10,20]区间的整数均匀分布，每个 B 类订单中所需加工的 B 零件数量服从[5,15,20]的三角分布。

（2）机床 A 加工一个 A 零件需要耗时 40 分钟，机床 B 加工一个 B 零件需要耗时 50 分钟。

五、 实验步骤及方法指导

（1）打开 WITNESS 仿真系统，熟悉 WITNESS 仿真系统的菜单、窗口、工具栏。

（2）打开仿真模型文件：Exp1-smallFactory. mod，模型界面如图 5-1 中 a 所示。

（3）在模型界面窗口双击对应的元素打开设计对话框，学习对话框中的设计项目和流程含义，以零件 A、机床 A 和来料仓库的设计界面为例，重点理解如图 5-1 中 b,5-1c,5-1d 中画圈处的设计项目和含义。

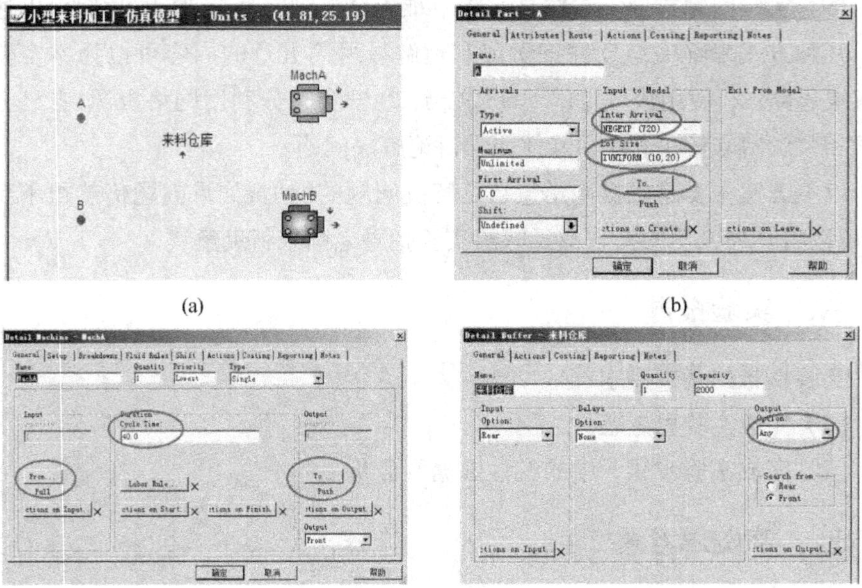

(a) (b)

(c) (d)

图 5-1 小型加工厂仿真模型界面

（4）通过仿真运行工具栏的设计和控制，将仿真模型运行至 48 000 分钟（480 分钟/天，共 100 天），按钮和停止时间设置如图 5-2 所示。

图 5-2 WITNESS 仿真运行工具栏

（5）生成报表并进行统计分析。① 关注两台机床的忙率、两类订单中 A 零件和 B 零件通过加工厂的平均时间、零件在被加工之前的平均等待时间、仓库中零件的平均存放量和平均存储时间；② 假若 A 零件和 B 零件客户要求的订单交付时间分别为 3 天和 2 天，试根据实验结果分析该加工厂能不能准时交付订单。

（6）打开新的 WITNESS 界面，根据现有模型进行模型设计和检验。

（7）利用 Office 整理数据并撰写实验报告。

（8）仿真模型相关说明：① 该模型中每天按照 8 小时工作制，不考虑加班，因此仿真模型的时间单位统一为分钟；② 本章全部实验所涉及的相关模型、资料及配套教材信息可以在网站：www. iescm. com/simuBook 上获取。

（9）实验问题指导。在仿真实验中难免会遇到一些问题，同学们可以通过以下几种方式来解决：① 仔细学习和理解教材第五章的内容可以为本实验提供解决思路；② 使用该软件的 Help 文档；③ 学会充分利用网络资源，自己上网搜索相关资料来解决；④ 和其他同学讨论解决问题。

以上方案主要是想提高学生自己解决问题的能力，如果问题仍然得不到解决，可以将其列入实验报告或反映给实验指导老师来帮助解决。

六、 实验报告

实验报告的基本要求：

（1）完成实验思考题。

（2）完成实验步骤 5 中的统计数据及分析。

七、 实验思考题

（1）WITNESS 系统有哪几个主菜单项？

（2）WITNESS 系统默认打开的文件是什么？

（3）WITNESS 系统界面包括哪几个窗口？

（4）WITNESS 系统有多少类建模元素？

（5）如何打开和关闭 WITNESS 系统的工具栏？

（6）如何通过工具栏控制仿真时长？

（7）IUNIFORM(4,8)随机函数是否能够产生数值 4.8？

（8）当 Buffer 元素中存储两类以上的 Part 元素时，Buffer 元素 Output Option 设定为 Any 的作用是什么？

实验二 流水线生产物流系统建模与仿真实验

一、 实验目的和要求

（1）熟悉建模元素 Part、Machine、Conveyor、Labor 的使用。

（2）掌握四种类型输送链输送零件过程的异同点。

（3）了解 Machine 元素 setup 和 breakdown 模式的基本设置。

（4）了解约束理论及瓶颈转移现象。

二、 实验内容

（1）使用 WITNESS 建立流水线生产系统仿真模型。

（2）了解机器检修和调整作业对生产线效率的影响。

（3）发现瓶颈工序并提出改善对策。

（4）根据改善对策调整原有模型，并通过仿真实验发现生产线的瓶颈转移现象。

三、 实验设备、材料及软件

（1）安装 WINDOWS 操作系统和 WITNESS2008 版本以上的计算机。

（2）WITNESS 仿真模型文件：Exp2 - streamLineBasic. mod；Exp2 - streamLineMore. mod。

（3）Office 办公软件。

四、 实验素材

某公司有一条生产线加工一种零件，需要四道工序，分别为称重工序（称重时间为 5 分钟/件）、清洗工序（清洗时间 6. 5 分钟/件）、加工工序（加工时间 6 分钟/件）、检测工序（检测时间为 3 分钟/件），每道工序上只有一台机器，每台机器上每次只能加工一个零件，工序之间零件依靠滚轴输送链运输，单条输送链最多可以容纳 20 个零件，零件通过每条输送链的时间为 10 分钟；生产线维修、维护和调整流程参数：现场生产中机器设备需要检修维修或者性能调整，为了更好地仿真实际生产物流系统的这些行为特征，进而能够对实际系统进行更加精确的性能评价和改善方案设计，需要在基本模型的基础上加入设备检修维修或调整行为的控制。假设该生产线中，加工工序的机器每运行 50 分钟，就需要一个工人来进行一次检修，检修时间为 10 分钟；该工序每加工完 10 件产品，就需要调整一次刀具，调整刀具同样需要一名工人工作，调整刀具时间为 8 分钟；检测设备每工作 150 分钟也需要工人过来检修一次，检修时间为 6 分钟，生产线配备有两名工人。

五、 实验步骤及方法指导

（1）阅读上面的生产线信息，熟悉作业流程、原材料和产成品、机器设备等相关信息。

（2）使用 WITNESS 建立该生产线基本流程的仿真模型，并与示例模型对照以检验和矫正所设计的模型，示例模型名称为：Exp2-streamLineBasic. mod。

（3）在所构建的模型中点击“Run”按钮，进行一周时间（5 × 480 = 2 400 分钟）的仿真实验，然后使用 WITNESS 的报表功能将各个设备的忙闲比率、各条输送链的正常运行或阻塞状态比率以及运输零件的数量、零件在系统中的平均存量和通过时间数据统计出来放入一个 Excel 文件，以便同后续具有维修和调整模型的仿真结果对比。

（4）在基础模型基础上，添加 Labor 类型元素，并根据前述的生产线维修维护和调整流程参数进行对应机器的设计。其中，加工机器检修功能设计和调整刀具功能设计分别参看图 5-3 和图 5-4 中的画圈处，检测机器检修功能设计对照图 5-3 进行理解和设计。

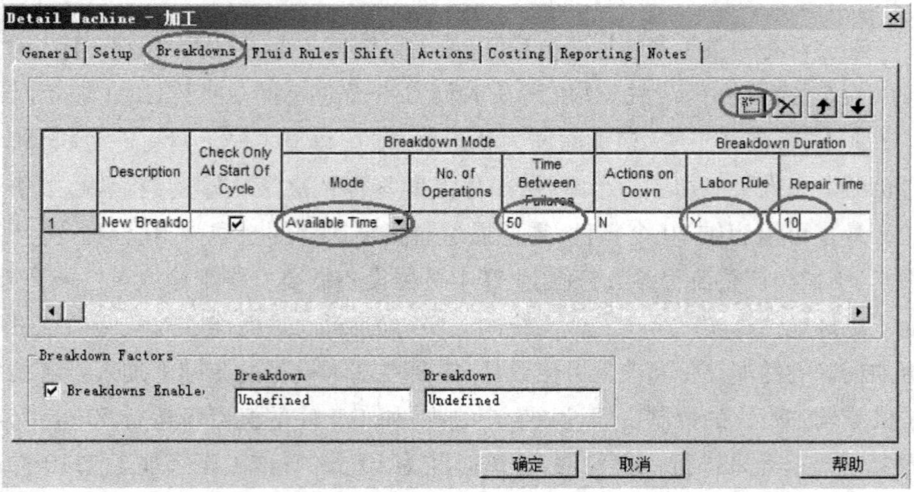

图 5-3　加工机器检修功能仿真设计界面

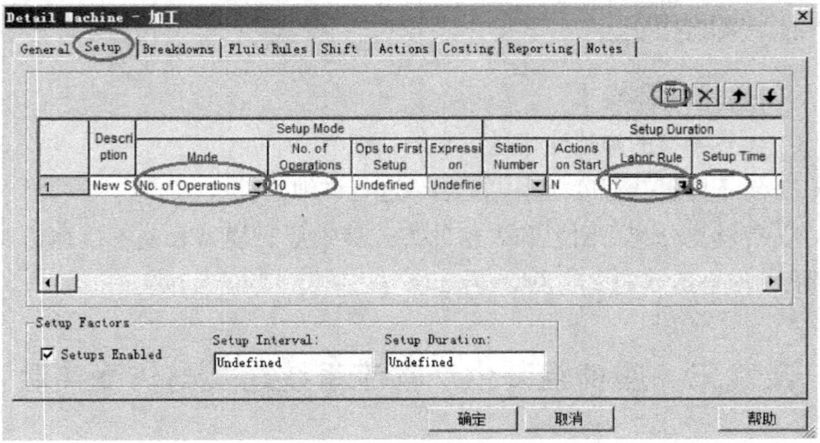

图 5-4　加工机器调整刀具功能仿真设计界面

（5）将设计结束后的模型同示例模型对比，示例模型名称为：Exp2－stream-LineMore. mod。

（6）在所构建的模型中点击“Run”按钮，进行一周时间（5 ×480 =2 400 分钟）的仿真实验，然后使用 WITNESS 的报表功能将各个设备的忙闲比率、各条输送链的正常运行或阻塞状态比率及运输零件的数量、零件在系统中的平均存量和通过时间及工人的忙闲比率数据统计出来，并同基本模型的仿真结果对比，比较并分析异同。

（7）通过仿真运行后可以发现，瓶颈工序以最终的产出数量最大化为该生产系统追求的目标，将瓶颈工序处的机器增加一台后再运行模型仿真实验，将改善后的仿真模型运行结果与原方案仿真结果进行比较分析：① 产出数量的变化及机器、输送链、零件和工人相关统计指标的变化，② 改善后系统的瓶颈是系统中的哪个环节。

（8）利用 Office 整理数据并撰写实验报告。

（9）实验问题指导。在仿真实验中难免会遇到一些问题，同学们可以通过以下几种方式来解决：① 仔细学习和理解教材第六章的内容可以为本实验提供解决思路；② 使用该软件的 Help 文档；③ 学会充分利用网络资源，自己上网搜索相关资料来解决；④ 和其他同学讨论解决问题。

以上方案主要是想提高学生自己解决问题的能力，如果问题仍然得不到解决，可以将其列入实验报告或反映给实验指导老师来帮助解决。

六、实验报告

实验报告的基本要求:

(1) 比较完整的描述建模过程和设置细节。

(2) 对不同复杂程度模型仿真结果进行详细分析。

(3) 能够充分利用图形和表格的方式展现原有模型和改善模型仿真结果的区别,并配合适当的文字说明。

实验三　座椅组装生产物流系统建模与仿真实验

一、实验目的和要求

(1) 熟练掌握组装过程的建模。

(2) 理解系统属性元素 PEN、ICON 的作用及其应用。

(3) 掌握 Match, Percent 规则的特点及其应用。

(4) 能够进行自定义元素图标并应用到模型元素中的显示。

(5) 能够进行系统改善和经济性指标统计和分析。

二、实验内容

(1) 根据流程说明和示例模型,利用 WITNESS 建立座椅组装生产物流系统仿真模型,理解系统属性 PEN 和 ICON 及流程规则 Match 和 Percent 的应用。

(2) 能够进行产品批量投产计划的建模与控制。

(3) 能够利用变量元素自动统计系统的成本和利润数据,并据此判定改善方案的效益。

三、实验设备、材料及器材

(1) 安装 WINDOWS 操作系统和 WITNESS2008 版本以上的计算机。

(2) WITNESS 仿真模型文件:Exp3-chairBasic. mod;Exp3-chairBatch. mod 和 Exp3-chairProfit. mod。

(3) Office 办公软件。

四、 实验素材

一个座椅生产工厂由多个车间组成，板材制作车间将座椅组装过程需要的靠背(Back)、椅面(Seat)及椅腿(Legs)制作完成后，按照2分钟一套的速度送达组装车间，然后由组装车间进行组装、油漆、检测和包装工序的作业，组装车间的座椅组装作业流程如图5-5所示。其中：Back、Seat和Legs每隔2分钟各到达该车间一套，分别存放到不同的存放区队列中；组装工序从三个队列中各取1个Back，1个Seat和1个Legs进行组装，组装需要2分钟；组装工序组装完毕后形成座椅，运往油漆工序的队列中，运输过程需要5分钟；油漆工序每次提取一个座椅进行油漆，油漆耗时2分钟，每次随机将座椅油漆成红、黄、绿三种颜色中的一种；油漆完毕的座椅运往检测工序的队列中，运输过程需要4分钟；检测过程为人工通过视觉检查座椅油漆面的光滑程度，检测耗时1.8分钟；通过以往的统计数据，获悉座椅在检测工序会出现10%的油漆质量不合格，这些不合格品由工人搬运至油漆工序队列重新排队并油漆；检测合格的座椅将直接运往包装工序的队列，运输时间为4分钟；包装工序将其队列中颜色相同的4把座椅打成一包，打包时间为1.5分钟；座椅打包结束即送出该车间。

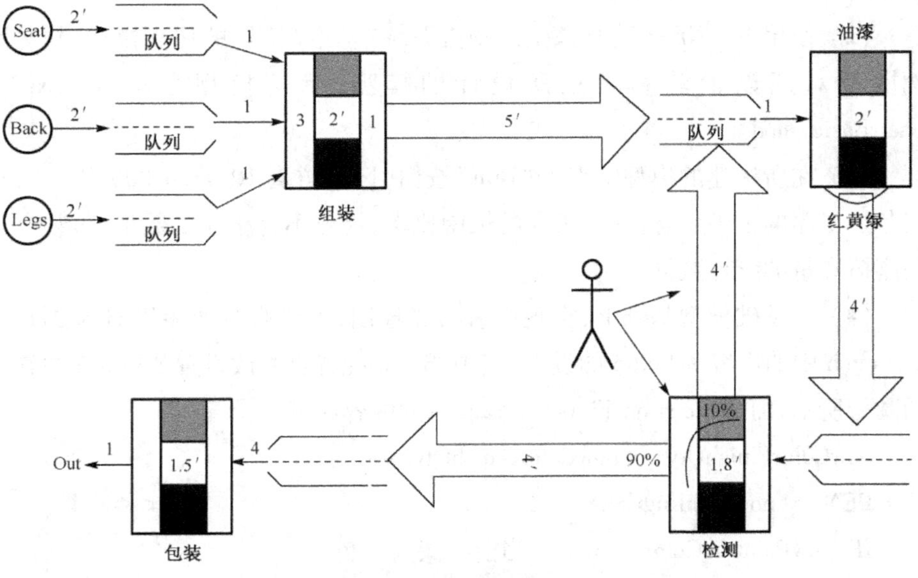

图5-5　座椅组装生产物流系统布局及作业流程图

批量投产控制逻辑。在原模型中油漆工位将座椅油漆为不同颜色采取的是随机性规则,但是工厂实际作业中一般是进行批量油漆,即连续油漆一种颜色之后,再连续油漆另一种颜色,假设工厂根据市场的需求预测,认为市场对三种颜色座椅的需求量比例为 1 : 2 : 3,因此,在油漆工序颜色控制为先油漆 30 件红色,然后再油漆 40 件黄色,再油漆 50 件绿色,……如此循环下去,而在转换油漆颜色时,油漆工序需要准备时间 20 分钟。试修改原模型实现批量投产的生产控制。

改善方案评估基准参数。若当今工厂愿意进行系统改善,改善的可能方案为最多增加两台机器和增加 1 名工人,但是管理者不确定增加哪些工位的设备,也不确定是否有必要增加工人,试通过仿真方法辅助管理人员进行决策,实现工厂利润的最大化。系统中每台机器的日(8 小时/天)作业成本依次为 400 元/天、600 元/天、200 元/天、300 元/天,工人的日工资为 100 元,座椅销售毛利润为 30 元/把。

五、 实验步骤及方法指导

(1) 阅读上面系统基本运作流程描述,熟悉和理解座椅组装系统的作业流程、原材料和产成品、机器设备等相关信息。

(2) 使用 WITNESS 建立该生产物流系统“基本流程”的仿真模型,并与示例模型对照以检验和矫正所设计的模型,示例模型名称为: Exp3 - chairBasic. mod。

(3) 在所构建的模型中点击“Run”按钮,运行仿真 10 天(4 800 分钟),收集各道工序的忙闲状态比率、工人的忙闲比率、检测不合格品的数量、包装完工的座椅数量的统计数据。

(4) 在基础模型基础上,实现批量喷漆控制,主要修改油漆机器的 Actions on Finish 中的内容和 Setup 的设置,其中:Setup 配置页修改设置如图 5-6 中红色圆圈处所示,而 Actions on Finish 中修改后的内容如下:

```
nowColorFinishQty = nowColorFinishQty + 1
PEN = nowPaintingColor + 1
IF nowPaintingColor = 0   ! 当前喷漆为红色
    IF nowColorFinishQty = 30
```

```
            nowPaintingColor = 1
            nowColorFinishQty = 0
        ENDIF
    ELSEIF nowPaintingColor = 1   ! 当前喷漆为绿色
        IF nowColorFinishQty = 40
            nowPaintingColor = 2
            nowColorFinishQty = 0
        ENDIF
    ELSEIF nowPaintingColor = 2   ! 当前喷漆为黄色
        IF nowColorFinishQty = 50
            nowPaintingColor = 0
            nowColorFinishQty = 0
        ENDIF
    ENDIF
```

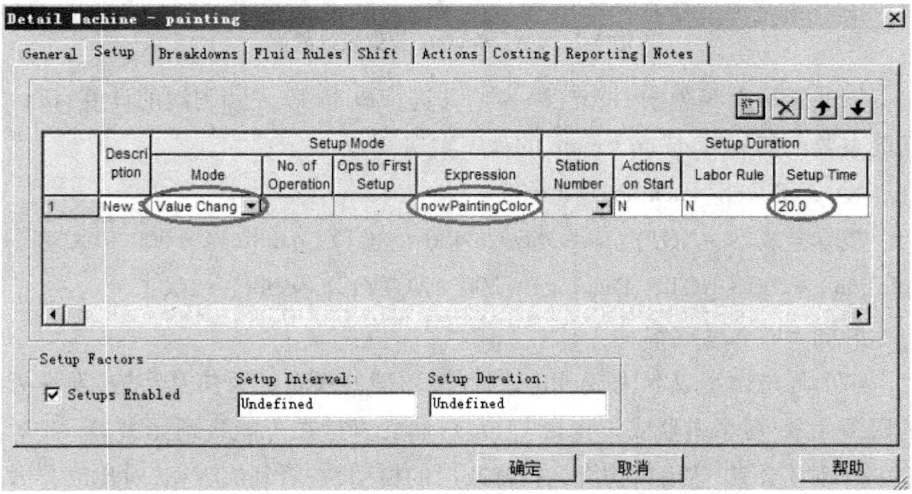

图 5-6　油漆机器转换油漆颜色的准备时间建模设置界面

(5) 将设计结束后的模型同示例模型对比，示例模型名称为：Exp3-chair-Batch. mod。

(6) 为了评估不同改善方案对座椅生产物流系统利润的影响，需要将模型修改为具备自动计算成本、收益和利润的功能，从而在后续改变机器设备或工人数量时,能够直接评估改善方案的优劣。为了实现该功能,仿真模型修改设计的方法可能有很多种,这里介绍示例模型 Exp3 - chairProfit. mod 中采用的方法:增加 Part 类型元素"dayCalculate"、增加整数型的 Variable 类型元素"利润"、"收入"和"成本",其中 Variable 类型元素主要完成数据存储和可视化的功能,而具体的统计则通过 dayCalculate 来实现,dayCalculate 元素具体实现请参看图 5-7。

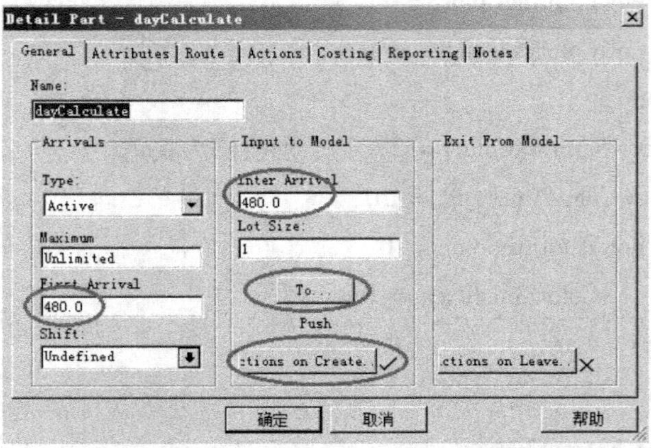

图 5-7　dayCalculate 元素设计界面

该元素每天(480 分钟)产生一次,并进行成本、收入和利润的计算,该计算功能主要由其 Actions on Create 的程序实现,具体如下:

收入 = NOPS(Packing) * 4 * 30

成本 = 成本 + NQTY(assembly) * 400 + NQTY(painting) * 600 + NQTY(Inspection) * 200 + NQTY(Packing) * 300 + NQTY(Inspector) * 100

利润 = 收入 - 成本

(7) 通过设定成本、收入和利润计算功能的模型进行仿真实验,发现可能的瓶颈元素(各个机器或工作台、工人),然后直接在可能瓶颈元素 Detail 对话框中修改其数量,然后再仿真运行修改后的模型,查看利润数据,对比改善方案的效益,并做统计对比分析。

(8) 利用 Office 整理数据并撰写实验报告。

(9) 实验问题指导。

在仿真实验中难免会遇到一些问题,可以通过以下几种方式来解决:

① 仔细学习和理解教材第七章的内容可以为本实验提供解决思路;② 使

用该软件的 Help 文档查看 NOPS 函数和 NQTY 函数的含义;③ 学会充分利用网络资源,自己上网搜索相关资料来解决;④ 和其他同学讨论解决问题。

以上方案主要是想提高同学们自己解决问题的能力,如果问题仍然得不到解决,可以将其列入实验报告或反映给实验指导老师来帮助解决。

五、 实验报告

实验报告的基本要求:

(1) 比较完整的描述建模过程和设置细节。

(2) 对不同复杂程度模型仿真结果进行详细分析。

(3) 能够充分利用图形和表格的方式展现不同改善方案对应模型仿真结果的区别,并配合适当的文字说明。

实验四 考虑顾客行为的快递门店建模与仿真实验

一、 实验目的和要求

(1) 掌握 WITNESS 系统建模元素 Part、Buffer 的使用。

(2) 熟悉服务系统中顾客的常见行为模式及建模方法。

(3) 了解快递系统的一般绩效指标。

(4) 探究顾客行为对快递企业绩效指标的影响。

二、实验内容

(1) 使用 WITNESS 建立顾客不同行为模式下快递门店寄件过程的仿真模型。

(2) 了解不同顾客行为模式对快递系统绩效的影响。

三、 实验设备、材料及器材

(1) 安装 WINDOWS 操作系统和 WITNESS2008 版本以上的计算机。

(2) WITNESS 仿真模型文件: Exp4-express1. mod; Exp4-express2. mod; Exp4-express3. mod。

(3) Office 办公软件。

四、 实验素材

在超市入口附近有一家快递门店用于客户的取件或收件。假设需要发送快件的客户到达时间间隔服从均值为 6 分钟的指数分布，每个客户寄件过程所需的时间服从均值为 1.8 分钟的指数分布；过来取件的客户到达时间间隔服从均值为 2 分钟的指数分布，每个客户取件过程所需时间服从[1,2]分钟区间的均匀分布；该门店只有一位服务人员，试模拟客户具有下列行为特征时的系统：

① 两类客户到达快递门店，不论队列有多长，都会等待直至完成取件或寄件业务；② 两类客户到达快递门店，如果已经有 4 个人在排队，取件客户持续等待直至完成取件，而寄件客户自动离开而转化到其他快递点寄件；③ 两类客户到达快递门店，如果发现已经有 4 个人在排队，他/她将先进入超市购物，购物时间服从[3, 20]分钟的均匀分布，购物完毕后，他/她再来取款，此时他/她将不再考虑队列长度，直至完成取款。

五、 实验步骤及方法指导

顾客行为为①的排队系统实验步骤：

（1）打开 WITNESS 仿真系统。

（2）建立两个 Part 元素，分别模拟取件和寄件顾客，命名为 receiveCustomer 和 sendCustomer。

（3）建立一个 Buffer 元素，模拟队列，命名为 queue。

（4）建立一个 Machine 元素，模拟快递门店服务员，命名为 server。

（5）设定两类 Customer 的到达模式。

（6）建立一个实数变量 serveTime，该变量将根据 server 当前服务的顾客类型生成特定的服务时间，同时该变量将控制 server 的服务时间。

（7）设定 server 的输入输出规则，将模型命名为"myExp4first. mod"，并将其与示例模型对比和校验，该示例模型名称为：Exp4-express1. mod。

（8）运行仿真模型至 720 分钟，获得统计数据，例如顾客等待时间和队列长度、服务员忙率等。

顾客行为为②的排队系统实验步骤：

（1）使用 WITNESS 系统将"myExp4first. mod"打开，并另存为"myExp4second.

mod”。

（2）将 sendCustomer 的输出规则改为如下语句，模拟寄件顾客的行为：

```
IF NPARTS(Queue) <4
    PUSH TO Queue
ELSE
    PUSH TO Ship
ENDIF
```

（3）运行仿真模型。

（4）运行仿真模型至 720 分钟，获得统计数据，例如顾客等待时间和队列长度、服务员忙率、寄件顾客流失的数量等。

顾客行为为③的排队系统实验步骤：

（1）使用 WITNESS 系统将“myExp4second. mod”打开，并另存为“myExp4third. mod”。

（2）建立一个 Buffer 元素，模拟超市，命名为 Market。

（3）将 Customer 的输出规则改为如下语句，模拟顾客的行为：

```
IF NPARTS(Queue) <4
    PUSH TO Queue
ELSE
    PUSH TO Market
ENDIF
```

（4）将 Market 的 Delay 设置为 Max，Maximum Time 设定为：UNIFORM[3，20]，Exit Rule 设定为：PUSH TO Queue。

（5）运行仿真模型至 720 分钟，获得统计数据，例如顾客等待时间和队列长度、服务员忙率、进入超市的顾客数量等。

（6）整理数据，撰写实验报告。

（7）通过设定成本、收入和利润计算功能的模型进行仿真实验，发现可能的瓶颈元素（各个机器或工作台、工人），然后直接在可能的瓶颈元素 Detail 对话框中修改其数量，然后，再仿真运行修改后的模型，查看利润数据，对比改善方案的效益，并做统计对比分析。

（8）利用 Office 整理数据并撰写实验报告。

(9) 实验问题指导。

在仿真实验中难免会遇到一些问题,可以通过以下几种方式来解决:

① 仔细学习和理解示例模型 Exp4-express1. mod,Exp4-express2. mod,Exp4-express3. mod 的内容可以为本实验提供解决思路;② 使用该软件的 Help 文档查看 NPARTS 函数含义;③ 学会本文档最后的"Buffer 元素 Delay 选项提示"小节内容充分理解 Buffer 模拟超市功能的实现;④ 学会充分利用网络资源,自己上网搜索相关资料来解决;⑤ 和其他同学讨论解决问题。

以上方案主要是想提高同学们自己解决问题的能力,如果仍然不能够解决问题,可以将其列入实验报告或反映给实验指导老师来帮助解决。

六、 实验报告

实验报告的基本要求:

(1) 比较完整地描述建模过程和设置细节。

(2) 对不同复杂程度模型仿真结果进行详细分析。

(3) 能够充分利用图形和表格的方式展现不同改善方案对应模型仿真结果的区别,并配合适当的文字说明。

七、 Buffer 元素 Delay 选项提示

Buffer 元素的 Delay"延迟"选项设置如图 5-8 圆圈部分所示。

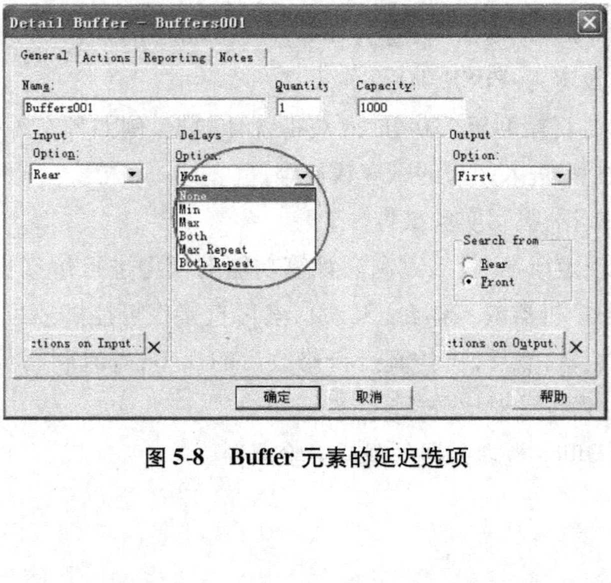

图 5-8 Buffer 元素的延迟选项

该部分用于设置 Part 在该 Buffer 中存储的延迟设置，六个选项设置的内容如下。

（1）None：Part 元素在 Buffer 中没有延迟设置，即 Part 元素进入队列随时可以被取出。

（2）Min：表示 Part 在这个 Buffer 中至少需要存储多长时间，才允许其输出到下道工序。选择这一项，将出现 Minimum Time 设置编辑框，如图 5-9a 所示。其中 Minimum Time 的编辑框用于输入 part 在 Buffer 中至少需要存储的时间长度，Shift 和 Allowance 项参见系统帮助。例如，一个名称为 CoolBuffer 的 Buffer 用于存放铸造件 A，而 A 需要存放 30 分钟，才能够冷却到合适的温度用于下道工序的处理，这时需要为 CoolBuffer 设置一个 Minimum Time 为 30 的 Delays option。

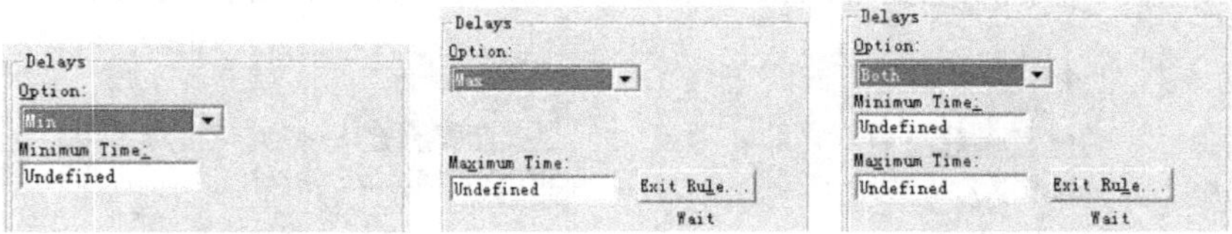

(a)　　(b)　　(c)

图 5-9　Minimum/Maximum/Both Delay Time 设置界面

（3）Max：表示 Part 在这个 Buffer 中存储时间不得超过一个最大的时间长度，如果超出，则需要进行强制输出。选择该项，将出现 Maximum Time 和 Exit Rule 项，如图 5-9b 所示。其中 Maximum Time 编辑框输入的为存储的最大时间长度，可以为常量或表达式；Exit Rule 用于设置当 part 在 Buffer 中存储时间达到该最大值时，如何输出这个 Part。例如，当某类具有特定保质期限的食品存储于超市货架上，一旦食品达到它的保质期临界值，需要让它们强制下柜销毁，这时就需要设置用于表示货架的 Buffer 的延迟项为 Max。

（4）Both：选择延迟项为 Both 时，表示 Part 在该 Buffer 中既有最小存储时长的限制，也具有最大时长的限制，即 Part 在 Buffer 中的存储时间只有达到 Minimum Time 设定的界限后，才能输出；另一方面如果 Part 在 buffer 中的存储时间达到了 Maximum Time 设定的值，则会被强制输出 Buffer，输出规则由 Exit Rule 确定，设置界面如图 5-9c 所示。

（5）Max Repeat：选择延迟项为 Max Repeat 时，将会出现对应的 Maximum

Time 编辑框和 Exit Rule 按钮，如图 5-10a 所示。该项实现的功能为：当 part 在 buffer 中存放的时间达到 Maximum Time 的设置值，但是根据 Exit Rule 又不能将其送出（如输出规则为 Push to Machine001，而 Machine001 在这个时刻处于忙的状态，不能接收外界的 Part 输入，这样 push to Machine001 将失效），根据 Max Repeat，part 将继续留在 Buffer 中，直到存储时间又达到了一个 Maximum Time，然后再判断 Exit Rule 是否可以将该 Part 送出 Buffer，如此重复，直至 part 被送出该 Buffer，或者被其他的元素主动取出 Buffer。

（6）Both Repeat：选择延迟项为 Both Repeat 时，将会出现如图 5-10b 所示的界面。该选项实现的功能为：Part 将在该 Buffer 中至少存放 Minimum Time 的时间，最多不能超出 Maximum Time 的时间，但是当达到 Maximum Time 时，Exit Rule 失效，则 part 将留在 buffer 中，直到存储时间又一次达到 Maximum Time 时，再次判断 Exit Rule，如此重复，直至 part 输出 Buffer，或者被其他元素取出该 Buffer。

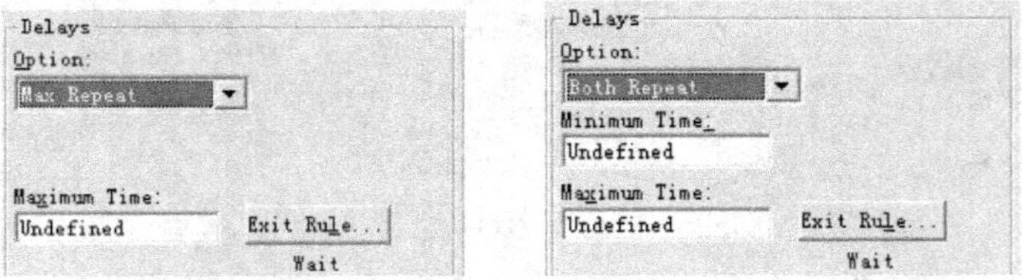

(a) (b)

图 5-10 Max/Both Repeat 设置界面

实验五 连锁超市配送中心采购决策建模与仿真实验

一、 实验目的和要求

（1）掌握两种不同的定期不定量采购决策过程的仿真建模。

（2）掌握采购提前期的仿真建模。

（3）掌握 Production 类型机器设备的应用特点。

（4）了解采购决策参数对连锁超市运营效益的影响。

二、 实验内容

（1）根据流程说明和示例模型，利用 WITNESS 建立连锁超市配送中心采购决策过程的仿真模型,理解系统变量 ELEMENT 和函数 NPARTS2,APARTS、ATIME 函数的应用。

(2)利用变量数组元素自动统计和显示系统的存储状态统计、成本和利润数据。

(3)修改采购决策参数并通过仿真实验判定不同决策参数组合下的系统效益。

三、 实验设备、材料及软件

(1)安装 WINDOWS 操作系统和 WITNESS2008 版本以上的计算机。

(2)WITNESS 仿真模型文件:Exp5-buyBasic. mod;Exp5-buyProfit. mod。

(3)Office 办公软件。

四、 实验素材

连锁超市一般由地区配送中心负责超市门店零售商品的采购和配送。本实验中考虑某连锁超市配送中心和四个销售门店针对产品 A 和 B 的采购和销售决策,其中配送中心每天向四个销售门店补货一次,补货量为门店前一天的销售量。其中:① 每个门店每天销售产品 A 和 B 的数量分别服从均值为 30 和 50 件的泊松分布;② 配送中心对产品 A 的采购模式为每隔 7 天采购一次,每次采购量为 100,200,300,……的整数数量,该数量为能够将配送中心 A 产品存量补足到 1 000 件的最小数量,例如在采购决策时点配送中心 A 的存量为 763 件,则本次采购 300 件;③ 配送中心对产品 B 的采购模式为(s,S)模式,其中 s = 300,S = 1 000,即每天结束盘点一下库存量,如果库存量低于 300 件时,则发出采购量为 S - 当前存量的采购订单,否则不采购;④ 初始时刻配送中心 A 和 B 各存储了 1 000 件和 800 件;⑤ 供应商 A 的采购提前期服从 uniform(1,3)的随机分布,供应商 B 的采购提前期服从 uniform(0.5,1.5)的随机分布;⑥ 如果配送中心库存不能满足超市门店当天的需求,缺货不再补足,即客户需求不会等待;⑦ 缺货不补一方面造成超市对这部分销售需求的流逝及其对应的利润流逝,同时还会造成商誉损失,另 A 和 B 缺货的商誉损失均为 60 元/件;⑧ 采购一次需要支付的采购业务费用和物流处理费用为 300 元,A 和 B 的采购价分别为 50 元/件和 40 元/件,A 和 B 的零售价分别为 80 元/件和 65 元/件,A 和 B 在配送中心的存储成本为 1.2 元/件 · 天和 1 元/件 · 天。

五、 实验步骤及方法指导

（1）阅读上面系统基本运作流程描述，熟悉和理解座椅组装系统的作业流程、原材料和产成品、机器设备等相关信息。

（2）使用 WITNESS 建立连锁超市配送中心采购决策运作流程的（1）—（6）项要求，并同示例模型 Exp5-buyBasic. mod 对比。

（3）运行上述模型 100 天，统计配送中心的采购次数、配送中心 A 和 B 的平均存储量和存储时间、各个超市门店 A 和 B 的销售量和缺货量。

（4）在前述模型中添加存储成本和利润数据的变量，并根据变量所需收集的数据特征在模型中增加程序语句来实现自动收集这些数据，以便于仿真结束后进行利润和成本的显示，并将设计的模型同示例模型 Exp5-buyProfit. mod 对比，该示例模型运行的某个时间点界面如图 5-11 所示。

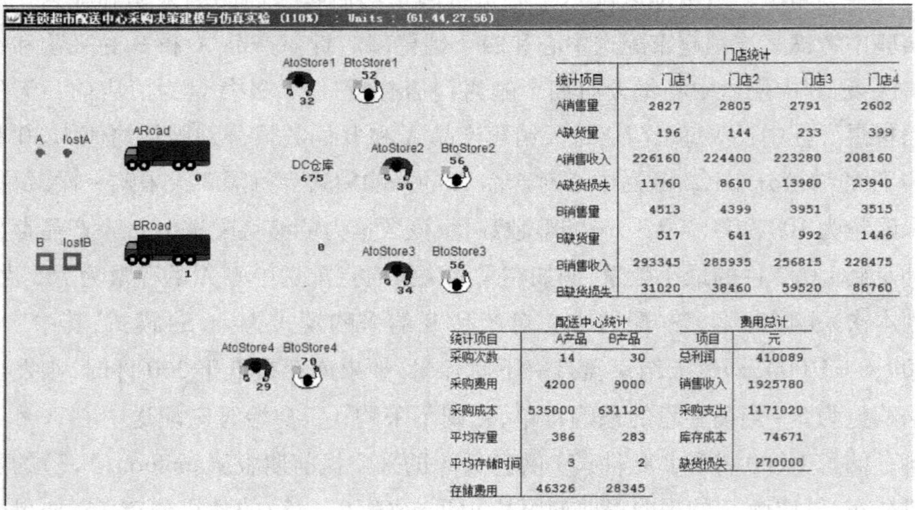

图 5-11　连锁超市配送中心采购决策仿真模型界面

（5）运行具有成本和利润统计功能的模型，通过对统计数据的对比进行该连锁超市配送中心采购决策策略的效率分析。

（6）通过修改模型中关于运作流程说明第（2）、（3）条中的采购决策参数，进行仿真实验，找出能够获得最大利润的采购决策方案。

（7）利用 Office 整理数据并撰写实验报告。

（8）示例仿真模型中统计数据实现的说明："门店统计"变量数据处理过程主要在每个门店两个需求元素"AtoStorei"和"BtoStorei"的 Actions on Start 中实现；"配送中心统计"变量数据中前三项数据分别在"Aroad"和"Broad"的 Actions on Start 中实现；"配送中心统计"变量数据中后三项数据及"费用总计"变量数据在"tenDayStatistic"的 Actions on Create 中实现。

（9）实验问题指导。

在仿真实验中难免会遇到一些问题，同学们可以通过以下几种方式来解决：

① 仔细学习和理解教材第九章的内容可以为本实验提供解决思路；② 使用该软件的 Help 文档查看 APARTS 函数、ATIME 函数、NPARTS2 函数的含义及系统变量 ELEMENT 的含义；③ 学会充分利用网络资源，自己上网搜索相关资料来解决；④ 和其他同学讨论解决问题。

以上方案主要是想提高同学们自己解决问题的能力，如果问题仍然得不到解决，可以将问题列入实验报告或反映给实验指导老师来帮助解决。

五、 实验报告

实验报告的基本要求：

（1）比较完整的描述建模过程和设置细节。

（2）对不同决策方案下的模型仿真结果进行详细分析。

（3）能够充分利用图形和表格的方式展现不同采购决策方案对应模型仿真结果的区别，并配合适当的文字说明。

实验六 钢板下料作业过程建模与仿真实验

一、 实验目的和要求

（1）掌握 Excel 文件与 WITNESS 模型之间的数据交互。

（2）熟练掌握属性 Attribute 元素的特点和应用。

（3）掌握如何在 Production 类型机器加工结束时生成多种类型的零件。

（4）掌握模型在完成一定数量加工作业后停止运行的控制。

二、实验内容

（1）根据流程说明，在 Excel 数据表中合理安排输入数据和输出数据的存储。

（2）根据流程说明运用 WITNESS 构建下料作业流程的模型，读取 Excel 中的输入数据并用以控制模型的运作行为。

（3）通过调整模型设计将切割机完工时间和所切割钢板信息写入到 Excel 文件。

三、实验设备、材料及软件

（1）安装 WINDOWS 操作系统和 WITNESS2008 版本以上的计算机。

（2）WITNESS 仿真模型相关文件：Exp6－cutSteel. mod；exp6. xls。

（3）Office 办公软件。

四、实验素材

机械厂有一台火焰切割机用于将钢板切割出各种形状的零件，由于零件的形状和大小的不同需要进行排料组合以充分利用钢板材料，客户或下游工序的切割任务送达时间间隔服从均值为 20 分钟的指数分布，所需的切割排料组合为表 5-1 所示的三种组合中的一种，这三种组合出现的概率相等，其中零件 A，B，C，D 的单个切割时间依次为 1，2，2. 5，3 分钟。拟通过仿真模型计算最终切割完 50 个客户需求所需的时间，并将每块钢板切割的完工时间、所用组合序号写入到 Excel 文件中。

表 5-1　排料组合表

序号	A	B	C	D
组合 1	6	5	3	0
组合 2	0	10	0	2
组合 3	2		8	1

五、 实验步骤及方法指导

（1）阅读上面系统基本运作流程描述，熟悉和理解钢板下料的作业流程、机器设备和排料组合等相关信息。

（2）建立一个 Excel 文件将排料组合和切割时间数据存储起来，其结构和布局可以参考示例文件 exp6. xls。

（3）使用 WITNESS 建立该钢板下料作业过程的仿真模型，并同示例模型 Exp6-cutSteel. mod 对比。

（4）运行模型直至程序结束，查看当前的仿真模型所停止的时间即为完工所需时间，同时查看 A，B，C，D 产出数量是否正确。

（5）运行仿真模型结束后，统计该下料作业系统的绩效指标，例如：顾客平均等待时间、切割机的忙闲比率等。

（6）利用 Office 整理数据并撰写实验报告。

（7）示例模型技术细节设计的说明。

① 读取 Excel 数据的功能是在模型文件的 Initailize Actions 中实现的，具体语句如下：

```
XLReadArray （"exp6. xls"，"sheet1"，"cutArray"，combineArray，1）
XLReadArray （"exp6. xls"，"sheet1"，"$B$9:$E$9"，unitCutTimes）
```

② 每个切割任务、每块钢板所用的排料组合号、切割时长、最后切割出的零件数量都是在钢板产生时进行了处理，是在 part 类型元素 steel 的 Actions on Create 中实现的，具体语句如下：

```
combineKind = IUNIFORM （1，3）！随机生成客户下料切割所需的组合号
！根据组合号计算该钢板下料所需的时间
cutTime = unitCutTimes（1） * combineArray（combineKind，1）
            + unitCutTimes（2） * combineArray（combineKind，2）
            + unitCutTimes（3） * combineArray（combineKind，3）
            + unitCutTimes（4） * combineArray（combineKind，4）
！根据组合号计算该钢板最后切割出的零件总数量
cutQty = combineArray（combineKind，1） + combineArray（combineKind，2）
```

```
+ combineArray（combineKind,3） + combineArray（combineKind,4）
```

③ 切割后各种类型零件的生成功能是在“切割机”元素的 Actions on Output 中实现的,具体语句如下:

```
! 根据排料组号,对切割后的零件附上物料种类号
DIM ii AS INTEGER
DIM jj AS INTEGER
DIM midId AS INTEGER
DIM midQty AS INTEGER
DIM midRange AS STRING
IF NPARTS （ELEMENT） = cutQty + 1
    FOR ii = 1 TO 4
        IF combineArray（combineKind,ii） > 0
            midId = ii
            GOTO outFor1
        ENDIF
    NEXT
    LABEL outFor1 ! 获得该排料组中第一类物料序号
! 对各物料附上物料号
    FOR ii = 2 TO NPARTS （ELEMENT）
        midQty = midQty + 1
        ELEMENT AT ii:partKind = midId
        IF midQty = combineArray（combineKind,midId）
            midQty = 0
            FOR jj = midId + 1 TO 4
                IF combineArray（combineKind,jj） > 0
                    midId = jj
                    GOTO outFor2
                ENDIF
            NEXT
            LABEL outFor2
```

```
        ENDIF
    NEXT
ENDIF
PEN = partKind
!
IF NPARTS (ELEMENT) = 1
    midRange = "$J$" + NUM2STR (NOPS (ELEMENT) + 2)
    XLWriteArray ("exp6.xls","sheet1",midRange,TIME)
    midRange = "$K$" + NUM2STR (NOPS (ELEMENT) + 2)
    inExcelVal = combineKind
    XLWriteArray ("exp6.xls","sheet1",midRange,inExcelVal)
ENDIF
```

(8) 实验问题指导。

在仿真实验中难免会遇到一些问题,可以通过以下几种方式来解决:

① 仔细学习和理解教材第十章的内容可以为本实验提供解决思路;② 使用该软件的 Help 文档查看 XLReadArray 函数、XLWriteArray 函数、NUM2STR 函数及属性元素 Attribute 的具体解释;③ 会充分利用网络资源,自己上网搜索相关资料来解决;④ 和其他同学讨论解决问题。

以上方案主要是想提高同学们自己解决问题的能力,如果问题仍然得不到解决,可以将其列入实验报告或反映给实验指导老师来帮助解决。

六、 实验报告

实验报告的基本要求:

(1) 比较完整的描述建模过程和设置细节。

(2) 能够充分利用图形和表格的方式展现该下料作业模型的仿真结果。

实验七　结构件焊接作业过程建模与仿真实验

一、实验目的和要求

（1）掌握同一个设备进行不同作业的过程建模。

（2）熟悉通过增加机器数量或调整排料图的方式改善生产系统绩效。

（3）能够分析不同改善方案对产线绩效影响的原因。

（4）深刻理解生产系统的瓶颈转移现象。

二、实验内容

（1）根据流程说明运用 WITNESS 构建结构件焊接作业过程的仿真模型。

（2）通过仿真实验结果分析发现瓶颈并提出相应的改善对策，并依据改善对策调整模型和进行仿真实验。

（3）对比不同对策下生产系统绩效的变化。

三、实验设备、材料及软件

（1）安装 WINDOWS 操作系统和 WITNESS2008 版本以上的计算机。

（2）WITNESS 仿真模型相关文件：Exp7-cutSteel. mod；exp7. xls。

（3）Office 办公软件。

四、实验素材

在实验六"钢板下料作业"的基础上，机械厂还需要进行后续的焊接作业，即切割出来的零件 A，B，C，D 将通过焊接设备焊接成成品件 X。焊接作业过程为：1 个 A 和 2 个 B 经过 8 分钟焊接成一个中间件 E，2 个 C 和 1 个 D 经过 14 分钟焊接成一个中间件 F，1 个 E 和 1 个 F 经过 20 分钟焊接成最后的成品件 X。该机械厂配备一套焊接设备用于焊接出中间件 E 和 F，单独一套焊接设备焊接最后的成品 X，该机械厂简要布局如图 5-12 所示。用于焊接 E 和 F 的焊机在转换产品时需要进行设备调整和工作台整理，耗时 20 分钟，为了缩短该焊机的调整时间，焊接过程采用批量作业方式，即先焊接 20 个 E、再焊接 20 个 F。

图 5-12　机械厂简要布局图

五、 实验步骤及方法指导

（1）阅读上述系统基本运作流程，熟悉和理解零件焊接的作业流程、机器设备等相关信息。

（2）根据 exp6. xls 重新复制一个 exp7. xls。

（3）在实验六模型基础上增加本实验作业流程涉及的设备、元素及运行规则，构建该结构件作业过程的仿真模型，并同示例模型 Exp7-welding. mod 对比。

（4）运行模型直至程序结束，查看结束时刻该焊接车间完成的产品 X 的数量。

（5）运行仿真模型结束后，统计该焊接作业系统的绩效指标，例如：焊接设备的忙率和空闲比率、产品 X 的完工数量、零件 A，B，C 和 D 在焊接前的平均存储时长和存储量。

（6）增加一套用于焊接 F 的焊接设备，让原有焊接 E 和 F 的焊接设备专门焊接 E，新增焊接设备专门焊接 F，运行仿真模型至程序结束，统计相关绩效指标的变化，尤其是最终 X 产量的变化。

（7）另 A，B，C，D 零件的单位面积分别为 1，2，2. 5，3，有效排料图最大程度可实现剔除边角料后单块钢板能够切割出这四种零件的面积为 26，请在此约束基础上修改现有 3 种排料组合中切割出的四种零件组合（即 Exp7. xls 中对应排料组合中的数据），使得最后 X 的产量得到提高。

（8）利用 Office 整理数据并撰写实验报告。

（9）实验问题指导。

在仿真实验中难免会遇到一些问题，同学们可以通过以下几种方式来解决：

① 仔细学习和理解教材第十一章的内容可以为本实验提供解决思路；② 学习示例模型 Exp7－welding. mod 和 Exp7－weldingTwoEF. mod 以获得建模思路；③ 学会充分利用网络资源，自己上网搜索相关资料来解决；④ 和其他同学讨论解决问题。

以上方案主要是想提高同学们自己解决问题的能力,如果问题仍然得不到解决,可以将其列入实验报告或反映给实验指导老师来帮助解决。

六、 实验报告

实验报告的基本要求:

(1) 比较完整的描述建模过程和设置细节。

(2) 对不同改善方案下的模型仿真结果进行详细分析和对比。

(3) 能够充分利用图形和表格的方式展现不同决策方案下模型仿真结果的区别,并配合适当的文字说明。

实验八　车间物料 AGV 小车运输系统建模与仿真实验

一、 实验目的和要求

(1) 熟悉 WITNESS 车辆元素 Vehicle 和轨道元素 Track 的行为特点。

(2) 掌握 AGV 小车在车间物料运输作业中的建模与仿真。

(3) 了解 WITNESS 的 3D 建模。

二、 实验内容

(1) 根据流程说明,利用 WITNESS 软件构建 AGV 运输系统仿真模型。

(2) 通过仿真实验结果分析并了解运输系统的绩效指标。

(3) 运用 WITNESS 的 Quick 3D 菜单项将 2D 仿真模型转换为 3D 仿真模型。

三、 实验设备、材料及器材

(1) 安装 WINDOWS 操作系统和 WITNESS2008 版本以上的计算机。

(2) WITNESS 仿真模型相关文件:Exp8-agv. mod。

(3) Office 办公软件。

四、 实验素材

某生产车间加工一种产品,该产品由另一车间送达本车间的仓库,送达规则为：送达时间间隔为 Uniform(60,80)min，送达批量为 Iuniform(18,30)件。公司有两辆 AGV，在轨道上循环运行，轨道两端分别为仓库和加工中心，每台 AGV 每次将 2 个零件从仓库运送至加工中心。AGV 空载行驶速度为 20 m/min，满载速度为 16 m/min。仓库至加工中心距离为 100 m，加工中心到仓库的距离为 120 m。AGV 在仓库装载产品需要的时间和在加工中心卸载产品的时间都服从 uniform(0.5,1) min 的负指数分布。

五、 实验步骤及方法指导

阅读上面系统基本运作流程描述，利用 WITNESS 构建 AGV 运输系统仿真模型：

（1）运行仿真模型并通过与示例模型对比进行模型验证，示例模型为：Exp8－agv. mod。

（2）运行一周 1 440 ×6 min 时间，分析 AGV 的运输能力、运输距离、产品在仓库中的等待时间、加工中心等待产品的时间等，分析需要多少辆 AGV 时系统才能够获得较好的运作绩效，通过仿真实验验证。

（3）利用 WITNESS 菜单项：Model→Quick 3D 生成 3D 模型，并运行仿真实验，观察 3D 模型的特点，参看图 5-13。

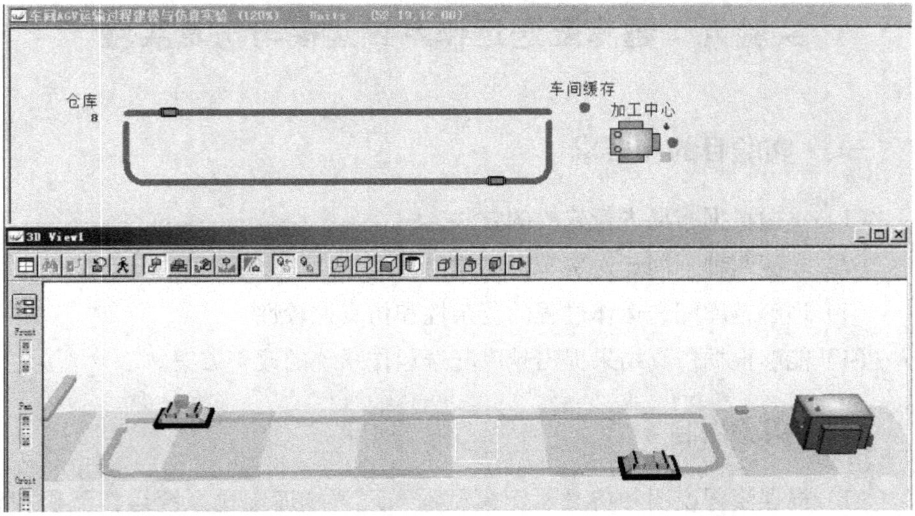

图 5-13　AGV 运输系统 2D 和 3D 仿真模型界面

（4）利用 Office 整理数据并撰写实验报告。

（5）实验问题指导。

在仿真实验中难免会遇到一些问题，同学们可以通过以下几种方式来解决：

① 仔细学习教材第十四章的内容可以找到完成本实验的思路；② 学习示例模型 Exp8-agv. mod 以获得建模思路；③ 学会充分利用网络资源，自己上网搜索相关资料来解决；④ 和其他同学讨论解决问题。

以上方案主要是想提高同学们自己解决问题的能力，如果问题仍然得不到解决，可以将其列入实验报告或反映给实验指导老师来帮助解决。

六、 实验报告

实验报告的基本要求：

（1）比较完整的描述建模过程和设置细节。

（2）对不同数量 AGV 配置下的模型仿真结果进行详细分析和对比。

（3）能够充分利用图形和表格展现不同改善决策方案模型仿真结果的区别，并配合适当的文字说明。

（4）生成比较形象的 3D 效果图。

实验九　越库配送运作系统建模与仿真实验

一、 实验目的和要求

（1）掌握根据布局进行建模的方法。

（2）掌握两种不同运送货车辆的建模方法。

（3）理解越库配送运作过程的复杂性和仿真比较性。

（4）能够根据仿真结果提出越库配送运作系统的改善方案。

二、 实验内容

（1）根据流程说明和仿真示例模型深入理解越库配送系统运作流程和管理控制的复杂性。

（2）利用 WITNESS 软件构建越库配送系统仿真模型。

（3）通过仿真实验结果分析发现越库配送系统瓶颈并提出相应的改善对策，并依据对策调整模型和进行仿真实验。

（4）对比不同改善对策下生产系统绩效的变化。

三、 实验设备、材料及器材

（1）安装 WINDOWS 操作系统和 WITNESS2008 版本以上的计算机。

（2）WITNESS 仿真模型相关文件：Exp9-crossDocking. mod。

（3）Office 办公软件。

四、 实验素材

越库（Cross Docking）配送是降低库存成本、提高运作效率、实现准时制物流的重要手段。越库配送因沃尔玛而成名，沃尔玛使用越库技术，通过整合零担运输（LTL）以实现整车运输（FTL），降低存储和搬运成本，从而获得巨大经济效益。越库配送指的是从供应商运送给客户的物品，在经过越库中心（CDC）时，只进行简单的分拣、再包装及出库（拼）装车等操作，以尽可能少的搬运和存储成本实现物料的物流过程，甚至从本质上消除了存储环节。

某个越库中心接受多个供应商集中送达的物品，这些物品主要供应给五个特定地区的客户，越库中心的布局如图 5-14 所示。根据以往统计数据可知：① 供应商车辆（进货车辆）到达时间间隔服从均值为 30 分钟的指数分布，每辆车送达的物品数量服从［200，300］区间的均匀分布，为了建模的简便性，假设每件物品目的地随机的为五个客户中的一个；车辆在越库中心的行驶速度为 5 m/s，停泊卸货点耗时 30s，卸货 5 s/件。② 越库中心各作业点位置及其之间连接的输送链长度如图 5-14 所示，该越库中心左侧有三个卸货点，上部、右侧和下部分别有 1，3，1 个装货点；卸货点负责将供应商车辆上的物品卸载下来，然后通过输送链送至对应的装货点；每个装货点将对应客户所需的物品装入送货车辆，当送货车辆来不及装载时，则该客户物品将存入缓存货架，图中用粗箭头线表示。

越库中心的输送链速度为 5 m/s，装货点装货速度 8 m/s，在某个装货点由于没有可用车辆而无法直接装车时，该客户的物品将直接被送至缓存（stock），以防止阻塞其他客户物品的正常传输和集货。③当前针对每个客户物品的缓存区容量均设定为 150 件。④越库中心当前有容量为 100 件物品的车辆 15 辆(出货车辆)用于向客户送货,因为客户距离的差异,车辆向五个客户送货时间(从离开越库中心到能够回到越库中心的时间)分别服从[100,150]、[120,160]、[150,180]、[110,150]、[130,170]分钟的均匀分布。⑤装货车辆调度顺序依次是 out1,out2,out3,out4 和 out5,即有空闲车辆总是优先到上游装货点装货。

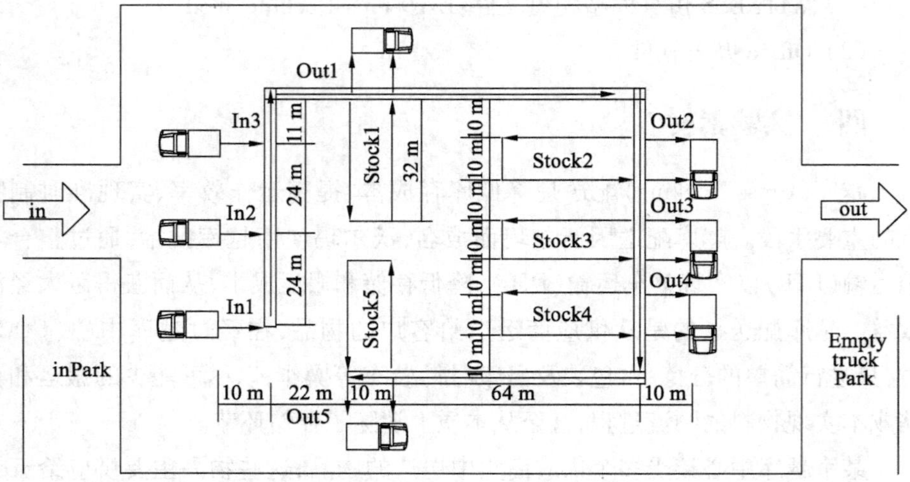

图 5-14　越库中心运作系统布局图

五、 实验步骤及方法指导

(1) 阅读上面系统基本运作流程描述,熟悉和理解越库中心卸货和装货作业流程、车辆调度规则、输送链等相关信息。

(2) 熟悉示例模型 Exp9－crossDocking. mod 中的流程逻辑,尤其是如何进行布局图的导入、进货车辆的建模方式和出货车辆建模方式的异同、卸货和出货车辆调度逻辑结构的实现。

(3) 运行模型 100 h(即 360 000 s),查看结束时刻该越库中心的系统绩效指标,例如:进货车辆等待时间、出货车辆装货时间、出货点存储区存储状态等信息。

(4) 运行模型结束后,分析该越库中心的系统绩效指标存在哪些方面的不足,改善方案后,在模型上评估改善方案的效果。其中,改善方案可以从调整卸货作业时间、装货作业时间、各出货点缓存区容量大小、出货车辆装货调度规则、出货车辆数量、出货车辆送货时间等方面考虑。

(5) 利用 Office 整理数据并撰写实验报告。

(6) 实验问题指导。

在仿真实验中难免会遇到一些问题,同学们可以通过以下几种方式来解决:

① 仔细学习教材第九章和第十四章的内容可以为本实验提供解决思路;② 学习示例模型 Exp9-crossDocking. mod 以获得建模思路;③ 学会充分利用网络资源,自己上网搜索相关资料来解决;④ 和其他同学讨论解决问题。

以上方案是想提高同学们自己解决问题的能力,如果问题仍然得不到解决,可以将其列入实验报告或反映给实验指导老师来帮助解决。

六、 实验报告

实验报告的基本要求:

(1) 比较完整的描述建模过程和设置细节。

(2) 对不同改善方案的模型仿真结果进行详细分析和对比。

(3) 能够充分利用图形和表格展现不同决策方案下模型仿真结果的区别,并配合适当的文字说明。

第六章　配送管理

实验一　模拟零售业经营

一、实验目的和要求

通过实验初步掌握物流配送模拟系统软件的使用,进一步熟悉软件的结构、性能和流程,通过对软件的操作和对结果的观察,使学生掌握一定的基本操作技能。通过探索商店的采购过程,使学生了解及时补充库存系统如何工作,以及明确对销售和损耗进行监控是零售业经营很重要的内容。

二、实验准备

零售业经营模拟软件是对一个便利店的可视化仿真,开始实验前,需要学习教程中的“基础”部分。为查看教程,点击“开始”菜单→所有程序→BeTa Tech→零售业经营模拟2.0→零售业经营模拟2.0,然后点击“教程”按钮。

三、实验设备、材料及软件

(1) 计算机。

(2) 零售业经营模拟软件。

四、实验背景及步骤

(一) 实验背景

商店必需确认有足够的库存能够满足顾客需要,如果这一条件不能满足,则顾客会表示不满,销售额会下降。

如果商店购入了过多的产品,则会造成以下后果:

(1) 有些产品将会变质,例如牛奶。这种“损耗”在商店的损益表中通常记载在“销售成本”中。

(2) 可能没有足够的库存空间用于存放那些销售很快的货物。

除了财务报告之外,大多数商店都有一个产品报告系统,能够从中了解所销售的每种产品的销售额和损耗额。在零售业经营模拟中,可以点击工具条上的“产品报告”按钮来使用这一系统。

大多数便利店每天都将从供应商那里收到货物。在零售业经营模拟中也是如此,所有的送货都将在半夜进行。

(二) 实验步骤

(1) 首先就采购策略进行简短的讨论,参考“学生活动”中的术语定义。

(2) 启动零售业经营模拟软件,并阅读教程中的“采购”章节。

(3) 在零售业经营模拟软件的启动主窗口中,点击“打开课程”按钮,并打开“采购”课程。

(4) 使用“操作”菜单下的“采购”菜单项,设置在库存低于 40 个单位时整体采购量为 40 个单位,持续运行仿真 5 个星期(使用“加快速度”按钮);点击工具条上的“产品”按钮,查看过期产品及销售额,将过期产品和销售额的估计值记录在在下面工作报表的第一行。

(5) 重复步骤(4),但设置为在库存低于 1 000 个单位时采购 1 000 个单位。将过期产品及销售额记录在工作报表的第二行。

(6) 重复步骤(4),尝试多个采购额和开始采购时的库存量。尽量提高销售额,且过期产品为 0。使用“采购”窗口中的“详细显示”按钮来为每件产品设置采购策略,将结果记录在工作报表的第 3~5 行,见表 6-1。

表 6-1　工作报表

采购量/单位	当库存低于/单位	过期产品(5 周后)	销售量(5 周后)
40	40		
1 000	1 000		

五、 实验报告

学生按照课后作业中的要求,填写工作报表,回答以下问题:

(1) 对于保质期短的产品,应进行大单采购还是小单采购?

(2) 如果设置为在库存低于250个单位时采购500个单位,则再定购点是500还是250?

(3) 在模拟零售业经营中,哪一件产品保质期最短?

(4) 在模拟零售业经营中,对于一个具有一定顾客基础的成熟商店,应将牛奶的采购设置定为在库存低于多少时采购多少?

实验二 模拟物流中心经营

一、 实验目的和要求

通过实验初步掌握物流配送模拟系统软件的使用,进一步熟悉软件的结构、性能和流程,通过软件的操作和对结果的观察,使学生掌握一定的基本操作技能。在模拟物流中心经营过程中,每个学生将经营一家物流中心,目标是获得尽可能多的个人资产。了解工作场所的布局将如何影响员工的工作效率,通过对仓库重新布置,以缩短拣货员的行动路线,并保证那些销量高的货物有足够的储存空间。

二、 实验准备

零售业经营模拟软件是对一个物流中心的可视化仿真。开始实验前,需要学习教程中的"基础"部分。为查看教程,点击"开始"菜单→所有程序→BeTa Tech→物流中心经营模拟2.0→物流中心经营模拟2.0,然后点击"教程"按钮。

三、 实验设备、材料及软件

(1) 计算机。

(2) 物流中心经营模拟软件。

四、 实验背景及步骤

（一）实验背景

企业通常都有一个跟踪和报告系统,以帮助其了解在各个时刻都销售了哪些货物,可以使用这些信息来决定购入哪些产品,以及为每种产品分配多少货架空间。在模拟物流中心经营中,可以使用一个灵活、详细的报告系统(即报告菜单下的产品报告),使用此系统可以了解每种产品的采购、销售及其他信息,这些信息可以以货币价值为单位,也可以以产品数量为单位。

除了要关心为每种产品分配多少货架空间之外,管理者还需要决定各种产品的布置位置。如果所有的客户都定购了牛奶,而只有少数客户定购了洗发水,则可以将牛奶放置在传送带附近,将洗发水放置在靠后的位置,这样能够使员工更容易拣取这些货物。

（二）实验步骤

(1) 启动物流中心经营模拟软件,并阅读教程中的"工作流管理"章节。

(2) 在物流中心经营模拟软件的启动主窗口中点击"打开课程"按钮,并打开"生产力和效率"课程。

(3) 点击"报告"菜单下"产品报告"菜单项,在"显示为"下面选择"表格",在"单位"下面选择"数目"。取消选中所有单个产品前面的选框,滚动到数据的最后一行。

(4) 点击"报告"菜单下的"顾客满意度"菜单项,注意有一些顾客对订单的完成程度不满意。如果不重新布置货架空间使他们能够得到所需的货物,那么,他们很快就会停止与你合作。

(5) 在"仓库视图"中,点击"货架",将货架分配给不同的货物,如图 6-1 所示。

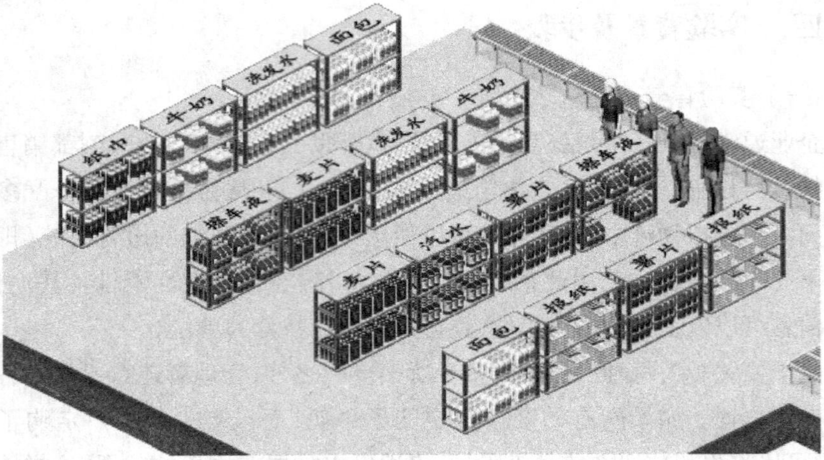

图 6-1　仓库视图

五、 实验报告

尽量达到顾客对订单完成 100% 的满意度,并回答以下问题:

(1) 你最畅销的 3 件产品是哪些?请按照顺序列出。

(2) 销售最差的产品是什么?

(3) 为什么此产品会卖不出去?

(4) 你将最畅销的产品放在哪里?

(5) 是否所有产品都分配到了货架空间?

第七章　物流管理信息系统

通过综合训练物流管理信息系统相关单元操作的理论,巩固和加强对理论的认识和理解;熟悉实验环境,并通过对实验的准备、设计、操作,使学生了解物流企业信息化的理论与方法及系统实施过程;通过独立设计实验项目和对实验数据的分析、整理及关联,培养学生创新思维和解决企业信息化工程问题的初步能力,以及实事求是的科学态度。

实验一　物流信息系统的应用

一、实验目的和要求

(1) 掌握系统分析的基本业务流程。

(2) 掌握系统设计的基本内容。

(3) 了解系统实施的基本过程。

二、实验准备

(1) 查阅有关资料和教材,仔细阅读超市连锁店管理的内容,为实验做准备。

(2) 分好实验小组,各组商定好模拟超市连锁店信息系统设计的基本情况。

(3) 每个小组根据成员多少进行角色分配,小组成员可以根据具体的情况增加或减少。

三、 实验设备、材料及软件

计算机。

四、 实验素材

某超市连锁店成立于20世纪90年代初期，该超市连锁店采用统一采购、统一核算、统一配送的低成本经营方式。该超市连锁店发展至今已经拥有十几家连锁店和一家配送中心。实验研究的对象是该超市连锁店的一个分店，其规模属于中型超市。它占地面积约600多平方米，拥有管理人员及职员100人左右。主要提供日用百货、烟酒食品、各种肉类、蔬菜、水果等商品，品种上千种。因其经营规模的扩大，业务的扩张，必须引进先进的管理思想、方法和技术，以提高企业的管理水平，使该店实现在5年内发展成为一个大型综合超市的目标。为此，该连锁店提出，近期内要运用信息技术，建立起包括库存、人事管理的管理信息系统，以提高商品库存效率，简化人事管理，增加公司年度利润。

原系统中销售部人员根据对货架上商品数量的检查，以人工方式向库存管理部提供需求计划。库存管理人员也是通过对存货量人工检查发现缺货后，发传真至货物配送中心。另外，原系统中采用的管理方法都比较落后，只适用于小型超市。原系统的人事信息管理是纯手工管理，这种管理只适用于职员较少的小型超市。随着超市规模的发展，该超市已经发展成为一家中型超市。原系统已经不能适应超市的发展。实验为系统设计方案做以下修改。

为了适应市场的需要，提高企业效益，设计的新超市管理系统利用计算机管理，处理货品需求信息，设立库存量底线，存货不足时由系统自动提出。

现代社会为信息社会，信息在企业发展中起着重要的作用。为了使企业能够得到及时有用的信息，实验给系统添加了信息部。信息部将对新商品进行市场预测及需求分析，以便及时引进。

新系统将使各级主管从繁重的传统管理模式中解放出来，提高工作效率。新增加的信息部可以弥补原系统信息滞后的问题，有利于高层决策者及时调整计划，做出正确决策。

五、 实验步骤

1. 系统目标和可行性

（1）系统目标。对原来的库存管理系统进行改进，使之能为公司提供强大的管理支持和查询服务，具体完成以下功能：

- 库存输入
- 库存修改
- 库存查询
- 库存处理

系统实现后，由计算机系统代替原来烦琐的人工档案管理，完成以下功能：

- 档案查询
- 档案更新
- 档案输出

（2）系统的可行性。

① 技术的可行性。要求系统开发人员能够熟练运用 VFP 等编程语言。目前技术人员已经掌握这些编程语言，学生实验室由多台电脑供学生使用。因此，本此系统开发在技术上是可行的。

② 时间可行性。开发时间需 3 个月左右，前两个月主要用于系统分析、设计、实现，后面的时间用于调试。

③ 经济可行性。现在已有一部分计算机等所需设备，可以充分发挥作用，可以节约不少设备资金，其余开发人员费用由连锁店支付。

④ 人员可行性。所需人员 10 人左右，其中由系统分析员、系统设计员、程序员等构成，同时应有超市业务人员参与。开发小组进行培训学习后可达到技术和业务上开发的要求。

2. 组织结构分析

根据上述背景介绍，分析该超市的组织结构。

（1）画出系统组织结构图并进行分析。

（2）系统需求分析。

（3）现行系统的业务描述。

（4）画出现行系统的库存管理业务流程图。

（5）现行系统的数据流程分析。

（6）画出现行系统的 U/C 矩阵，分析现行系统的汇总数据。

（7）画出现行系统的数据流程进行分析。

3. 新系统的逻辑方案设计

新系统拟定的管理方法及管理制度。

画出新系统的组织结构图和新系统拟定的业务流程图。

4. 系统总体结构设计

按照现行的业务处理功能进行子系统划分,可将本系统划分成3个子系统:人事档案管理子系统、库存管理子系统和密码管理子系统。

画出系统总体模块结构图和库存管理子系统模块结构图。

六、 实验报告

每个小组成员要根据自己在这节实验中所扮演的角色写一篇报告,描述在超市连锁店信息系统实验过程中对整个系统设计过程的感受,以及在进行不同的设计时所运用的相关理论和方法。根据实验结果,评价自己在操作时遇到的问题和解决方法、应注意的事项。

每个小组要根据本组每个成员的报告,综合整理出整个小组总的报告,总结超市连锁店信息系统设计过程所做的各项工作及收获。

实验二　物流管理信息数据库设计与应用

一、 实验目的和要求

(1) 理解数据库技术是一种高级数据处理技术。

(2) 应用 Access 数据库管理系统完成简单的数据管理任务。

二、 实验准备

阅读课本数据库原理相关内容,学习 Access 软件相关知识。

三、 实验设备、材料及软件

(1) 计算机。

(2) Office Access 2007 软件。

四、 实验背景及步骤

（一）实验背景

某物流部门保存了近几年的订单信息和客户信息,具体包括订单的编号、类别、时间、货物数量和品种;客户的编号、联系方式、客户类别、名称等。

（二）实验步骤

1. E-R 概念图的设计

（1）确定实体。该任务涉及实体包括客户和订单两个。

（2）确定联系。订单:一张订单只能对应一个客户,而一个客户可以下多个订单,所以这两者之间是一对多的联系。

（3）确定实体和联系的属性。

客户:包括编号、名称、联系方式和客户类别等内容。

订单:包括编号、类别、时间、货物数量和品种等内容。

2. 将 E-R 图转换为关系数据模型

（1）实体转换。

（2）联系转换。

3. 使用 Access 创建数据库

（1）启动 Access2007,建立客户资料数据库。

（2）建立数据表,分别保存客户信息和订单信息。

（3）创建查询。

（4）创建报表。

五、 实验报告

每个小组成员要根据自己这节课的实验内容写一篇报告,描述在使用 Access 创建数据库的过程中所运用的相关理论和方法。根据实验结果,评价自己在操作时遇到的问题和解决方法、应注意的事项。

实验三　MRP 计划的计算机仿真

一、实验目的和要求

（1）学习 MRP 计划的基本原理。

（2）掌握用 Excel 对 MRP 进行仿真的方法。

二、实验准备

阅读课本 MRP 计算原理相关内容，学习 Excel 相关知识。

三、实验设备、材料及软件

（1）计算机。

（2）Excel 软件。

四、实验背景及步骤

（一）实验背景

安培公司生产一种用于单个用户的电表，分成 A，B 两种基本类型。除了电表外，为了维修和换型，还出售部分零件和部装件。MRP 系统的任务是确定一个生产计划，指出各项物料需求的时区和数量，然后对计划的可行性进行检验，如果有必要，则对计划进行调整。

（二）实验步骤

（1）需求预测。3 月份对电表 A 和 B，部件 D，零件 E 的需求预测见表 7-1。

表 7-1　3 月份对电表及零部件需求的预测

月份	电表 A		电表 B		部件 D		零件 E	
	已知	随机	已知	随机	已知	随机	已知	随机
3	1000	250	400	60	200	70	300	80
4	600	250	300	60	180	70	350	80

续表

月份	电表A		电表B		部件D		零件E	
	已知	随机	已知	随机	已知	随机	已知	随机
5	300	250	500	60	250	70	300	80
6	700	250	400	60	200	70	250	80
7	600	250	300	60	150	70	200	80
8	700	250	700	60	160	70	200	80

（2）制定一个主生产计划，见表7-2。

表7-2　9～17周电表及零部件生产计划

产品	周次								
	9	10	11	12	13	14	15	16	17
电表A	1 250				850				550
电表B	460				360				560
部件D	270				250				320
零件E	380				430				380

（3）画出物料清单文件，如图7-1所示。

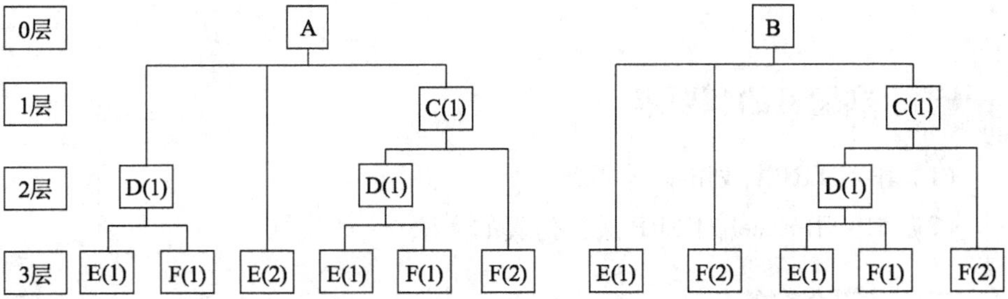

图7-1　物料清单文件

（4）库存记录，见表7-3。

表 7-3　物料清单文件

物料现有库存	单位	提前期/周
A	50	2
B	60	2
C	40	1
D	30	1
E	30	1
F	40	1

请根据以上数据,用 Excel 作 MRP 计划。

五、 实验报告

每个小组成员要根据自己这节的实验内容写一篇报告,描述在 MRP 仿真实验过程中对整个系统设计过程的感受及在进行不同的设计时所运用的相关理论和方法。根据实验结果,评价自己在操作时遇到的问题和解决方法、应注意的事项。

实验四　LRP 计划的计算机仿真

一、 实验目的和要求

(1) 学习 LRP 计划的基本原理。

(2) 掌握用 Excel 对 LRP 进行仿真的方法。

二、 实验准备

阅读课本 LRP 计算原理相关内容,学习 Excel 相关知识。

三、 实验设备、材料及软件

(1) 计算机。

(2) Excel 软件。

四、 实验内容及步骤

ABC 公司有两个地区仓库,它们从工厂的同一个配送中心接受产品。配送中心往第一个仓库送货的周期 $LT=1$ 周,订货批量 $Q=50$ 单位,安全库存 $SS=10$ 单位,配送中心往第二个仓库送货的 $LT=2$ 周,$Q=60$ 单位,$SS=15$ 单位,组装产品并将其送到配送中心的 $LT=1$ 周,生产批量 $Q=200$ 单位,$SS=40$ 单位。请完成以下配送需求计划。

批量:50 $SS=10$, $LT=1$	时期/周					
	上期	1	2	3	4	5
预测需求		30	40	30	40	40
已在途的货物		50				
计划库存	20					
计划应收到订货						
计划应发出的订货						

批量:60 $SS=15$, $LT=2$	时期/周					
	上期	1	2	3	4	5
预测需求		70	80	50	60	50
已在途的货物		60				
计划库存	100					
计划应收到订货						
计划应发出的订货						

批量:200 $SS=40$, $LT=1$	时期/周					
		1	2	3	4	5
总需求		30	40	30	40	40
已在途的订货						
计划库存	110					
计划应收到的订货						
计划应发出的订货						

请根据以上数据,用 Excel 作 LRP 计划。

五、 实验报告

每个小组成员要根据自己这节实验课的内容写一篇报告，描述在 LRP 仿真实验过程中对整个系统设计过程的感受及在进行不同的设计时所运用的相关理论和方法。根据实验结果，评价自己在操作时遇到的问题和解决方法、应注意的事项。

实验五　物流信息化在企业中的应用

一、 实验目的和要求

（1）理解物流管理信息系统是一个人机系统。

（2）理解物流管理信息系统与环境的关系。

（3）了解物流管理信息系统与企业战略之间的关系。

二、 实验准备

该实验为研究型实验，了解研究报告的撰写规范和要求。

三、 实验设备、材料及软件

机房、网络环境、电子图书馆。

四、 实验内容及步骤

（一）内容

选择一家应用物流管理信息系统比较成功的企业，如沃尔玛、联邦快递等，通过应用互联网或电子图书馆收集该企业应用物流管理信息系统方面的相关资料并进行如下分析：

（1）该企业应用了哪些物流管理信息系统，这些系统的功能分别是什么？

（2）该企业应用物流管理信息系统成功的关键因素有哪些？

（3）该企业应用物流管理信息后获得了哪些竞争优势？

（二）步骤

略。

五、 实验报告

以小组为单位撰写3 000字的实验报告，并制作PPT进行汇报，注意选定的企业要具有代表性，并围绕实验内容的三个方面来展开分析。

第八章　供应链管理

实验一　风险分担

一、 实验目的和要求

（1）理解风险分担的概念。

（2）掌握变异系数（Coefficient of variation）和标准差（Standard deviation）的计算。

（3）理解集中式系统（Centralized system）和分散式系统（Discentralized system）的特点。

（4）掌握连续订货策略的订货点（Reorder point）、安全库存（Safety inventory）、最优订货量（Optimal order quantity）及平均库存水平（Average inventory level）的计算。

二、 实验内容

（1）阅读课本第二章库存管理和风险分担的 ACME 公司案例，了解实验背景。

（2）利用 Excel 软件计算变异系数和标准差的操作。

（3）比较集中式系统和分散式系统中的库存策略。

三、 实验设备、材料及软件

（1）配置 Windows 2000 或更高版本的操作系统的计算机。

（2）Excel 软件。

四、 实验步骤及方法指导

（1）掌握ACME公司目前的库存系统中仓库的分布情况、服务水平及库存周转情况。

（2）以ACME公司的代表性产品A和B为例进行分析，根据分散式配送系统中两个库存所面临的A和B两个品类的历史销售数据，见表8-1，计算每种产品的平均周需求（Weekly average demand）、周需求标准差及每个仓库需求的变异系数。其中，变异系数（Coefficient of variation）= 标准差/平均需求。

表8-1　产品A和B的历史销售数据

PRDUCT A								
Week	1	2	3	4	5	6	7	8
Massachusetts	33	45	37	38	55	30	18	58
New Jersey	46	35	41	40	26	48	18	55
Total	79	80	78	78	81	78	36	113
PRODUCT B								
Week	1	2	3	4	5	6	7	8
Massachusetts	0	3	3	0	0	1	3	0
New Jersey	2	4	3	0	3	1	0	0
Total	2	6	3	0	3	2	3	0

（3）计算替代策略：只有一个仓库的集中式配送系统中产品A和B的周平均需求、周需求标准差及变异系数。

（4）根据连续订货库存策略的特点，分别计算目前的配送系统与将要替代的集中式配送系统的平均需求、安全库存、订货点与最优订货量。

（5）对比分析两个配送系统中的平均库存和安全库存的变化。

五、 实验报告

（1）基于本次案例的分析结论，请判断风险分担的本质。

（2）分析两个仓库对于同一种产品的需求情况是正相关，还是负相关？哪种情形对于风险分担的效果更为显著？

（3）请结合本案例分析，如果决策者决定用集中式系统替换分散式系统，除了考虑库存成本的变化，还有哪些因素需要权衡？请详细分析之。

实验二　供应合同

一、 实验目的和要求

（1）理解供应合同的概念。

（2）理解序贯供应链的特点。

（3）掌握回购合同、收入共享合同、补偿合同、成本分担合同的决策参数。

（4）对比供应合同与全局优化的优劣势。

二、 实验内容

（1）了解回购合同、收入共享合同、补偿合同、成本分担合同对于供应链各个参与实体的生产量、订货量及利润的影响。

（2）计算全局优化的理想情形下供应链的最优绩效。

三、 实验设备、材料及软件

（1）配置 Windows 2000 或更高版本的操作系统的电脑。

（2）Excel 软件。

四、 实验步骤及方法指导

（1）阅读课本第四章供应合同的相关内容，了解各个类型合同的定义。

（2）结合泳装案例中零售商可能面对的市场需求情形（见表 8-2），计算在没有应用供应合同情形下的序贯供应链的绩效，并刻画出各企业的利润函数。

表 8-2　市场需求情形

	Demand	Probability	Weighted Demand
	8 000	11%	880
	10 000	11%	1 100
	12 000	28%	3 360
	14 000	22%	3 080
	16 000	18%	2 880
	18 000	10%	1 800
Average			13 100

（3）分别考虑在应用了回购合同、收入共享合同、补偿合同、成本分担合同四种供应合同下的实例 4-2，4-3，4-10，4-11 中生产商和分销商的利润，并刻画出各企业的利润函数。

（4）基于全局优化的理念，计算并描绘整条供应链的最优利润。

（5）分别对比四种供应合同和全局优化对供应链的绩效影响。

五、 实验报告

（1）结合实验结果，讨论各类型供应合同的机理。

（2）讨论供应链所能获得的最大利润，以及全局优化的应用弊端。

（3）考虑面向库存的生产系统和面向订单的生产系统合适的供应合同类型。

实验三　啤酒游戏

一、 实验目的和要求

（1）从时间延滞、资讯不足的产销环境对产销系统的影响，深刻认识信息沟通、人际沟通的必要性。

（2）通过实训充分理解供应链管理中的库存决策和“蝴蝶效应”。

（3）扩大思考的范围，了解不同角色之间的互动关系，认识到将成员关系由竞争变为合作的必要性。

(4) 分析牛鞭效应(Bullwhip effect)产生的原因并提出改进措施。

二、 实验内容

(1) 该实验是生产与分销单一品牌啤酒的产销模拟系统。

(2) 参加游戏的学生各自扮演不同的角色:零售商、批发商、分销商和制造商。在游戏中他们主要对自己的库存进行管理,即每周做一个订购多少啤酒的决策,库存决策的目标是使自己的利润最大化(费用最小化)。

(3) 根据实验结果,讨论导致牛鞭效应的原因。

三、 实验设备、材料及软件

(1) 台布、扑克牌、便利贴、橡皮、铅笔、薄片。

(2) 需求数据记录表。

(3) 存货-缺货折线图。

(4) 草稿纸若干。

四、 实验步骤及方法指导

实验游戏中的人物及相互关系如图 8-1 所示。

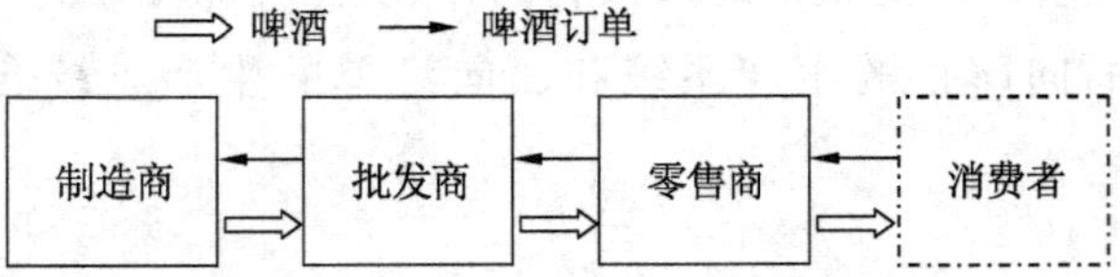

图 8-1　实验游戏中的人物及相互关系

(1) 游戏中有三个角色:制造商、批发商、零售商。每组三个人,每个人扮演一个角色。

(2) 游戏周期为 30 周,每一轮就代表 1 周。

(3) 零售商先向下游客户发货,再向上游批发商订货。

(4) 批发商的责任是卖货物给零售商,同时,每轮有一次向制造商订货的机会。不过,所订的货物要过两轮才会到达批发商的仓库。

(5) 制造商发货给批发商,同时,每轮又有一次机会下订单生产货物。每轮下的生产订单也要等两轮才进入仓库。

（6）游戏结束后，每个角色都会生成统计明细情况表和统计总情况表，对每个角色进行数据分析并画出相应折线图。

（7）分析“牛鞭效应”的产生原因。

（8）所有角色都是独立的企业，目标是使自己的利润最大化，也就是收入与成本的差值最大化。

五、 实验报告题目

（1）结合实验需求记录表、库存记录表，分析牛鞭效应产生的原因。

（2）造成订单剧烈波动的原因是什么，如何解决或缓解这种现象？

（3）讨论可以减轻牛鞭效应的一些供应链管理策略。

第九章　ERP 原理与实施

实验一　系统设置和要求

一、 实验目的和要求

（1）掌握网商 ERP 管理系统中有关系统管理和基础设置的相关内容。

（2）理解系统管理在整个系统中的作用及基础设置的重要性。

二、 实验内容

（1）人事管理。

（2）权限设置。

（3）基本编码。

（4）产品设置。

（5）商业伙伴。

（6）打印设置。

（7）用户设置。

（8）报警设置。

（9）安全库存管理。

三、 实验步骤及方法指导

（一）人事管理

1. 岗位编码设置

单击菜单项：系统设置→人事设置→岗位编码设置。

操作如下：

（1）查找。标准的查找功能，打开系统标准的查找窗口。

（2）新增。在当前窗口中新增一条岗位编码记录，并使窗口的编辑区处于可以编辑状态。

（3）修改。对所选择的岗位编码记录进行修改，并使窗口的编辑区处于可以编辑的状态。

（4）删除。删除所选择的岗位编码记录，系统通常会进行删除确认。

2. 建立组织机构

单击菜单项：系统设置→人事设置→建立组织结构。操作如下：

（1）新增部门。在需要新增部门的节点上点击工具条上的新增部门按钮

，打开新增部门窗口。输入合法的编码和名称后，点击“确定”，完成“新增部门”的操作。

（2）新增岗位。在需要新增岗位的部门上点击工具条上的新增岗位按钮

，打开新增岗位窗口。

（3）修改、删除部门信息。如果用户需要对部门名称、部门类别等信息进行修改或删除，可以通过系统提供的修改、删除功能完成。系统不允许修改编码信息，原则上已经使用过的编码也不能被删除。

3. 建立员工信息

单击菜单项：系统设置→人事设置→建立员工信息。操作如下：

（1）新增员工信息。首先要选择该员工所属岗位的节点，再点击“新增”按钮，在员工信息界面录入该员工的相关信息，录入完毕后点击“确定”按钮，员工添加完毕。

（2）修改员工信息。首先要选中该员工所在的节点，再点击“修改”按钮，在修改界面修改该员工的相关信息。系统对人员编码进行了保护，不允许修改，系统会带出该员工已经输入的基本信息，用户可以直接进行修改。

（3）辞职。首先要选中该员工所在的节点，再点击“辞职”按钮，则该员工从员工基本信息中移去，但该员工的信息并没有从系统中删除。

（4）调动。选中该员工所在的节点，再点击“调度”按钮，在员工调动界面选择该员工的目标岗位，点击“确定”按钮，即实现员工不同岗位间的调动。

（5）兼职。设置员工的兼职操作分为设置兼职和取消兼职两种情况。当员工存在兼职的情况时，首先要选中该员工所在的节点，再点击“兼职”按钮，选择“兼任”菜单。在选择岗位界面选择该员工需要兼职的岗位，点击“确定”按钮即可。相反，需要取消兼职时，首先要在窗口左边的岗位树型视图上查找到该员工兼职的岗位，然后选择工具条上的“兼职”按钮下的“取消兼任”菜单，系统询问是否取消。系统将根据用户选择的情况进行是否取消兼职的操作。

4. 辞职员工查询

单击菜单项：系统设置→人事设置→辞职员工查询。

5. 民族设置

单击菜单项：系统设置→基本编码→民族设置。基本操作如下：

查找。标准的查找功能，打开系统标准的查找窗口。新增。在当前窗口中新增一条记录，并使窗口的编辑区处于可以编辑状态。修改。对所选择的记录进行修改，并使窗口的编辑区处于可以编辑状态。删除。删除所选择的记录，系统通常会进行删除确认。保存。保存当前操作，合法数据将会被保存到数据库中。取消。放弃当前操作，数据将不会被保存。

6. 学历设置

单击菜单项：系统设置→基本编码→学历设置。基本操作如下：

查找。标准的查找功能，打开系统标准的查找窗口。新增。在当前窗口中新增一条记录，并使窗口的编辑区处于可以编辑状态。修改。对所选择的记录进行修改，并使窗口的编辑区处于可以编辑状态。删除。删除所选择的记录，系统通常会进行删除确认。保存。保存当前操作，合法数据将会被保存到数据库中。取消。放弃当前操作，数据将不会被保存。

（二）权限设置

1. 用户口令设置

单击菜单项：系统设置→权限设置→用户口令设置。基本操作如下：

(1) 新增用户口令。通过窗口左边的部门树视图，可以快速查找到需要新增的用户，单击“新增”按钮打开新增窗口，在新增窗口中进行口令设置和登录代号设置等。

完成新增和相关的操作后，点击“确定”按钮即可保存并退出。

(2) 修改口令。点击“修改”按钮来进行修改用户口令和相关设置。

2. 人员功能分配

单击菜单项:系统设置→权限设置→人员功能分配。基本操作如下:

(1) 新增。选择需要设置功能的人员,在窗口右边的功能树视图上选择需要增加的功能的上一级菜单项,点击工具条上的新增按钮或通过右击鼠标在弹出的快捷菜单新增 删除中选择"新增",弹出新增功能窗口。根据实际需要在"系统功能选择"窗口中选择所需要新增加的功能后点击"确定"按钮即可。

(2) 删除。根据需要删除具体用户的特定的功能菜单项。当用户点击删除按钮时,系统会进行删除确认。

(3) 复制。在窗口左边选择需要分配功能菜单的人员,如"许维南",点击工具条上的复制按钮,弹出目标人员选择窗口。

选择需要复制的目标人员,如"杨春松"后,单击"确定"即可。

3. 业务对象界面设置

单击菜单项:系统设置→用户设置→业务对象界面设置。基本操作如下:

使用"设置"按钮对选择的业务对象中的各字段进行设置;点击"设置"按钮。在复选框中打钩则使用改字段,反之则为不使用。字段的名称可以在字段标题下修改。

4. 业务对象权限设置

单击菜单项:系统设置→权限设置→业务对象权限设置。

(三) 基本编码

1. 计量单位

单击菜单项:系统设置→基本编码→计量单位。基本操作如下:

新增。在当前窗口中新增一条记录,并使窗口的编辑区处于可以编辑状态。修改。对所选择的记录进行修改,并使窗口的编辑区处于可以编辑状态。删除。删除所选择的记录,系统通常会进行删除确认。

2. 付款方式

单击菜单项:系统设置→基本编码→付款方式。基本操作如下:

查找。标准的查找功能,打开系统标准的查找窗口。新增。在当前窗口中新增一条记录,并使窗口的编辑区处于可以编辑状态。修改。对所选择的记录进行修改,并使窗口的编辑区处于可以编辑状态。删除。删除所选择的记录，系统通常会进行删除确认。

3．币种设置

单击菜单项：系统设置→基本编码→币种设置。基本操作如下：

查找。标准的查找功能，打开系统标准的查找窗口。新增。在当前窗口中新增一条记录，并使窗口的编辑区处于可以编辑状态。修改。对所选择的记录进行修改，并使窗口的编辑区处于可以编辑状态。删除。删除所选择的记录，系统通常会进行删除确认。

4．运输方式

单击菜单项：系统设置→基本编码→运输方式。基本操作如下：

查找。标准的查找功能，打开系统标准的查找窗口。新增。在当前窗口中新增一条记录，并使窗口的编辑区处于可以编辑状态。修改。对所选择的记录进行修改，并使窗口的编辑区处于可以编辑状态。删除。删除所选择的记录，系统通常会进行删除确认。

5．自动编号规则设置

单击菜单项：系统设置→基本编码→自动编号规则设置。

如果需要修改编号规则，可先在列表中选中需要修改的规则，点击修改按钮，在弹出的修改窗口中进行规则的修改，修改好之后重新打开功能使用即可。

（四）产品设置

1．产品类别

单击菜单项：系统设置→产品设置→产品类别。用户可以通过新增和修改菜单，快速完成产品类别的新增和修改操作。

2．产品信息设置

单击菜单项：系统设置→产品设置→产品信息设置。基本操作如下：

（1）新增产品。点击工具条上的“新增“按钮，在弹出的产品信息窗口中输入产品信息。

（2）修改产品信息。首先选择需要修改的产品信息，点击工具条上的“修改“按钮，在弹出的修改窗口中进行产品信息的修改和设置。

3．质量状态设置

单击菜单项：系统设置→产品设置→质量状态设置。基本操作如下：

新增。在当前窗口中新增一条记录，并使窗口的编辑区处于可以编辑状态。

。对所选择的记录进行修改，并使窗口的编辑区处于可以编辑状态。

。删除所选择的记录，系统通常会进行删除确认。

4. 仓库权限设置

单击菜单项：系统设置→权限设置→业务对象权限设置。基本操作如下：

在窗口左侧选择“仓库权限”业务对象名称，窗口右上侧的“数据操作权限”中选择“仓库权限”。点击工具条上的

按钮，打开权限范围选择窗口。

（五）商业伙伴

1. 委外加工厂类别

单击菜单项：系统设置→其他商业伙伴设置→委外加工厂类别。基本操作如下：

（1）新增。可以通过该按钮新增委外加工厂类别或者任一类别委外加工厂的子类别。选择节点委外加工厂时，就可以新增委外加工厂的类别；选择类别后，可以新增子类别。

（2）修改。选中需要修改的委外加工厂类别后，点击“修改”按钮，出现和上图相同的界面，但是编码不可以修改。

（3）删除。选中要删除的类别节点，点击“删除”后即可。

2. 委外加工厂信息

单击菜单项：基本设置→其他商业伙伴设置→委外加工厂信息。基本操作如下：

（1）新增。点击“新增”按钮后，在出现的界面中输入信息后点击“保存”后就可以了。

（2）修改。选中要修改的记录，点击“修改”按钮后就会出现修改界面，修改界面同新增界面。

（3）删除。选中要删除的记录，点击“删除”按钮即可。

（4）转 Excel。点击该按钮后就会将界面中的信息用 Excel 表格的形式导出。

3. 商业伙伴设置

单击菜单项：系统设置→其他商业伙伴→商业伙伴设置。基本操作如下：

（1）新增。点击“新增”按钮。填写好编码、名称后选择相应类别点击“确定”按钮即可保存。

(2) 类别设置。用于修改商业伙伴的类别。

(六) 打印设置

1. 用户打印模板设置

单击菜单项:系统设置→打印设置→用户打印模板设置。基本操作如下:

(1) 查找。点击"查找"按钮后,在出现的查找界面中可以按查找项目"功能名称""类型名称"来查找需要的模板。

(2) 修改。选中左边 DBGrid 中的数据后,点击"修改"按钮。在该界面中可以修改打印模板的名称,打印语言,以及模板文件。如果想要修改模板,就可以在该界面中进行修改。

(3) 删除。选中要删除的模板,点击"删除"按钮后即可。

2. 用户打印模板权限设置

单击菜单项:系统设置→打印设置→用户打印模板权限设置。基本操作如下:

查找、新增、修改、删除按钮的操作方法及弹出界面同用户模板打印设置功能。需要设置权限时,点击"权限设置"按钮后出现界面,在选择了具体的岗位或员工后,单击 ›› 就增加到权限列表中,反之在权限列表中单击 ‹‹ 就去除当前选中的权限,单击 ‹‹‹ 将移除该公司的所有权限。

(七) 用户设置

1. 系统参数设置

功能界面进入:系统设置→用户设置→系统参数设置。设置时,点击"修改"按钮后出现界面。只需要改动参数值为 *T* 或者 *F* 即可。参数设置说明:系统参数设定后,不得随意更改,该处的参数设定应用于整个系统。注意:设置后需要重新登录系统,以免设置不起作用。

2. 项目通用查找设置

界面进入:系统设置→用户设置→项目通用查找设置。在"项目通用查找设置"中查找到需要设置的功能名称,使用界面上的"修改"按钮进行设置。

3. 项目通用选择快捷查找设置

界面进入:系统设置→用户设置→项目通用选择快捷查找设置。在"项目通用选择快捷查找设置"中查找到需要设置的功能名称,使用界面上的"修改"按钮进行设置。

4. 项目题头快捷查找设置

菜单目录:系统设置→用户设置→项目通用选择快捷查找设置。

在“项目通用选择快捷查找设置”中查找到需要设置的功能名称,使用界面上的”修改”按钮进行设置。

(八)报警设置

1. 报警参数设置

单击菜单项:系统设置→报警设置→报警参数设置。选中要设置的参数后点击“修改”按钮。在该界面中通过对“是否有效”复选框进行修改,就可以设置修改报警参数了。

2. 报警权限设置

单击菜单项:系统设置→报警设置→报警权限设置。选择需要设置权限的报警项目后,点击工具条上的“设置”按钮,在打开的权限范围中进行权限设置。

3. 报警项目设置

单击菜单项:系统设置→报警设置→报警项目设置。基本操作如下:

(1)新增。选中左边树形结构中的节点后,点击“新增”按钮,在出现的界面中就可以新增一个报警项目。填写完整信息后就可以点击确定按钮保存了。

(2)修改。选中右边 DBGrid 中的数据,点击“修改”按钮就会出现类似新增界面,用户可以在出现的修改界面中进行修改。

(3)删除。选中左边或者右边的记录,点击“删除”按钮后就可以删除。需要注意的是:被系统使用过的记录将无法删除。

(九)安全库存管理

1. 安全库存字段设置

用户可通过勾选字段的方法设置安全库存的取数条件。保存之后,在后续“安全库存设置”功能中的字段则按照以上条件显示。

2. 安全库存设置

在该功能的明细字段中,除品名、最大数量、最小数量外,其余字段的显示是由《安全库存字段设置》功能决定。通过设置安全库存的上、下限数量,配合系统中安全库存的相关报警及查询功能,让企业及时获知低于最小库存或高于最大库存的状况,从而采取对应的措施,防止库存积压或无法及时交货的情况。

3．安全库存查询

在本功能中，用户可以查看低于安全库存、高于安全库存及在安全库存范围内的所有型号。

实验二　销售管理

一、　实验目的和要求

（1）掌握网商 ERP 管理系统中销售管理的相关内容。

（2）掌握企业日常销售业务处理方法。

（3）理解销售管理与其他系统之间的数据关系。

二、　实验内容

（1）客户管理。

（2）销售总协议管理。

（3）销售合同管理。

（4）预定管理。

（5）发货通知单管理。

（6）成品库管理。

（7）成品销售发票管理。

（8）寄售库管理。

（9）退货管理。

三、　实验步骤及方法指导

（一）客户管理

1．客户类别设置

单击菜单项：销售管理→客户管理→客户类别设置。用户可以通过工具条上的“新增”“修改”和“删除”按钮来进行相应的新增、修改和删除操作。

2．客户等级设置

单击菜单项：销售管理→客户管理→客户等级设置。基本操作如下：

新增。在当前窗口中新增一条记录,并使窗口的编辑区处于可以编辑状态。修改。对所选择的记录进行修改,并使窗口的编辑区处于可以编辑状态。删除。删除所选择的记录,系统通常会进行删除确认。

3. 客户证书类别设置

单击菜单项:销售管理→客户管理→客户证书类别设置。基本操作如下:

新增。在当前窗口中新增一条记录,并使窗口的编辑区处于可以编辑状态。修改。对所选择的记录进行修改,并使窗口的编辑区处于可以编辑状态。删除。删除所选择的记录,系统通常会进行删除确认。

4. 佣金商基本信息

单击菜单项:销售管理→客户管理→佣金商基本信息。基本操作如下:

(1) 新增佣金商信息。点击工具条上的“新增”按钮,在打开的新增窗口中输入相应的信息即可。

(2) 修改佣金商信息。选择需要修改的记录后,点击工具条上的“修改”按钮,在打开的修改窗口中进行相关的信息修改操作。

(3) 删除佣金商信息。选中要删除的记录,点击工具条上的“删除”按钮,系统通常会进行删除确认。

5. 客户基本信息

单击菜单项:销售管理→客户管理→客户基本信息。基本操作如下:

(1) 新增客户信息。点击工具条上的“新增”按钮,在打开的新增窗口中输入相应的信息即可。

(2) 修改客户信息。对所选择的记录进行修改,点击“修改”跳出修改界面。

(3) 删除客户信息。删除所选择的记录,系统通常会进行删除确认。

(4) 转 Excel。系统中的数据导出到 Excel 中,用户可以任意编辑和修改。

6. 客户货号对照

单击菜单项:销售管理→客户管理→客户货号对照。基本操作如下:

(1) 新增客户货号。点击工具条上的“新增”按钮,在打开的新增窗口中输入相应的信息即可。

(2) 修改。对所选择的记录进行修改,点击“修改”跳出修改界面。

(3) 删除。删除所选择的记录,系统通常会进行删除确认。

(4) 转 Excel。系统中的数据导出到 Excel 中后,用户可以任意编辑和修改。

7. 客户拓展信息

(1) 客户拓展阶段设置。单击菜单项:销售管理→客户关系管理→客户拓展信息→客户拓展阶段设置。基本操作如下:

查找。查找功能,打开系统标准的查找窗口,可按照设置要求进行查找。
新增。在当前窗口中新增一条记录,并使窗口的编辑区处于可以编辑状态。
修改。对所选择的记录进行修改,并使窗口的编辑区处于可以编辑状态。
删除。删除所选择的记录,系统通常会进行删除确认。

(2) 客户拓展方式设置。单击菜单项:销售管理→客户关系管理→客户拓展信息→客户拓展方式设置。基本操作如下:

查找。查找功能,打开系统标准的查找窗口,可按照设置要求进行查找。
新增。在当前窗口中新增一条记录,并使窗口的编辑区处于可以编辑状态。
修改。对所选择的记录进行修改,并使窗口的编辑区处于可以编辑状态。
删除。删除所选择的记录,系统通常会进行删除确认。

(3) 客户拓展文档类型设置。单击菜单项:销售管理→客户关系管理→客户拓展信息→客户拓展文档类型设置。基本操作如下:

查找。查找功能,打开系统标准的查找窗口,可按照设置要求进行查找。
新增。在当前窗口中新增一条记录,并使窗口的编辑区处于可以编辑状态。
修改。对所选择的记录进行修改,并使窗口的编辑区处于可以编辑状态。
删除。删除所选择的记录,系统通常会进行删除确认。

(4) 客户拓展信息。单击菜单项:销售管理→客户关系管理→客户拓展信息。基本操作如下:

① 新增拓展客户信息。点击工具条上的“新增”按钮,在打开的新增窗口中输入相应的信息即可,系统会对各个必需输入的数据项进行确认和提示。② 修改。对所选择的记录进行修改,点击修改跳出修改界面。③ 删除。删除所选择的记录,系统通常会进行删除确认。④ 转 Excel。系统中的数据导出到 Excel 中后,用户可以任意编辑和修改。

（二）销售总协议管理

1. 输入销售总协议

单击菜单项:销售管理→销售总协议→输入销售总协议。

2. 销售总协议单据查询

单击菜单项:销售管理→销售总协议→销售总协议单据查询。基本操作如下:

（1）销售总协议关闭。选择“关闭”菜单,当前选择的销售总协议被关闭;激活是指把已经关闭或中止的总协议重新设置为正常的执行状态。

（2）销售总协议修改。点击工具栏上的“修改”按钮,实现对销售总协议的修改。

3. 销售总协议明细查询

单击菜单项:销售管理→销售总协议→销售总协议明细查询。基本操作如下:

（1）销售总协议关闭。可以通过工具栏中的“关闭”“批量关闭”按钮,手动关闭销售总协议。如果选择“关闭”菜单,当前选择的销售总协议被关闭;“激活”是指把已经关闭或中止的总协议重新设置为正常的执行状态。

（2）销售总协议修改。点击工具栏上的“修改”按钮,实现对销售总协议的修改。

（3）查看修改历史。点击工具栏上的“查看修改历史”按钮,实现对销售总协议的修改历史进行查看。

（三）销售合同管理

1. 输入销售合同

销售员直接依据与客户的洽谈结果,在系统中录入合同,经过必要的审批流程后,进入后续流程。单击菜单项:销售管理→输入销售合同。

2. 销售合同查询

单击菜单项:销售管理→销售合同单据查询→销售合同明细查询→销售合同应交货查询。

（四）预定管理

1. 库存预定查询

单击菜单项:销售管理→预定管理→库存预定查询。基本操作如下:

查找。查找功能，打开系统标准的查找窗口，可按照设置要求进行查找。转Excel。系统中的数据导出到 Excel 中后，用户可以任意编辑和修改。

2．期货预定查询

单击菜单项：销售管理→预定管理→期货预定查询。基本操作如下：

查找。查找功能，打开系统标准的查找窗口，可按照设置要求进行查找。转Excel。系统中的数据导出到 Excel 中后，用户可以任意编辑和修改。

3．销售合同批量预定。单击菜单项：销售管理→预定管理→销售合同批量预定。基本操作如下：

查找。查找功能，打开系统标准的查找窗口，可按照设置要求进行查找。选择。可通过该选择按钮对库存、采购合同、成品需求计划进行预定操作。

（五）发货通知单管理

1．由库存形成发货通知单

单击菜单项：销售管理→发货通知单→由库存形成发货通知单。如果打开的“库存预订”窗口中的记录很多，用户可以通过查找功能进行数据的快速定位。

2．由库存预订形成发货通知单

单击菜单项：销售管理→发货通知单→由库存预订形成发货通知单。如果打开的“库存预订”窗口中的记录很多，用户可以通过查找功能进行数据的快速定位。

3．发货通知单查询

单击菜单项：销售管理→发货通知单→发货通知单查询。

系统支持对查找到的未执行的发货通知单进行快速修改，用户只要通过工具条上的“修改”按钮就可以对选中的发货通知单进行修改。当用户选中的发货通知单已经执行完成时，修改窗口中的数据项被系统保护起来，不允许修改。发货单查询窗口支持用户通过查找功能进行数据的快速定位。

4．发货通知单明细查询

单击菜单项：销售管理→发货通知单→发货通知单明细查询。基本操作如下：

查找。查找功能，打开系统标准的查找窗口，可按照设置要求进行查找。修改。对所选择的记录进行修改，点击修改跳出修改界面。转Excel。系统中的数据导出到 Excel 中，用户可以任意编辑和修改。

5．未完成发货通知单查询

单击菜单项：销售管理→发货通知单→未完成发货通知单查询。查询和修改的操作与“发货单查询”相同，请参见“发货单查询”。

（六）成品库管理

1．成品由发货通知单销售出库

单击菜单项：库存管理→成品库管理→出库→成品由发货通知单销售出库。

2．成品由寄售发货单发货

单击菜单项：库存管理→成品库管理→出库→成品由寄售发货单销售出库。

3．成品库查询

（1）成品入库单据查询。单击菜单项：库存管理→成品库管理→查询→成品入库单据查询。

（2）成品出库单据查询。单击菜单项：库存管理→成品库管理→查询→成品出库单据查询。

（3）成品移库单据查询。单击菜单项：库存管理→成品库管理→查询→成品移库单据查询。

（4）成品入库流水查询。单击菜单项：库存管理→成品库管理→查询→成品入库流水查询。

（5）成品出库流水查询。单击菜单项：库存管理→成品库管理→查询→成品出库流水查询。

（6）成品移库流水查询。单击菜单项：库存管理→成品库管理→查询→成品移库流水查询。

（7）成品货位调整流水查询。单击菜单项：库存管理→成品库管理→查询→成品货位调整流水查询。

（8）成品库存明细查询。单击菜单项：库存管理→成品库管理→查询→成品库存明细查询。可以通过工具条上的“查找”按钮进行快速定位，支持通过单击列标题对数据进行排序。选择好具体入库单库存明细信息后，点击 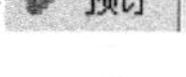

，出现“可进行库存预定设置”界面。

（七）成品销售发票管理

1．成品销售发票输入

单击菜单项:销售管理→销售发票管理→成品销售发票(不含税价)→由销售合同登记成品采购发票、由成品出库流水登记销售发票、直接登记成品销售发票。

（1）由销售合同登记成品采购发票。通过对销售合同信息的引入,形成成品采购发票。通过界面上的“引入”按钮,可以直接带出销售合同中的明细信息,在该输入功能界面上出现选择的记录,也可以通过对客户的选择带出有关该客户的信息再引入对应的信息。

（2）由成品出库流水登记销售发票。通过对出库流水信息的引入,形成销售发票。单击界面上的“引入”按钮,查询到有关出库流水的明细信息,然后在界面上显示引入的信息,在引入信息的基础上,进行必要信息的添加,然后保存即可。

（3）直接登记成品销售发票。通过手动直接输入的方式形成成品销售发票。直接单击客户后的按钮选择所需要的客户名信息,然后再根据所选择的客户通过按钮带出客户的具体基本信息,进行输入形成成品销售发票即可。

2．成品销售发票查询

单击菜单项:销售管理→销售发票管理→成品销售发票(不含税价)→成品销售发票单据查询、成品销售发票明细查询、成品出库单未开票查询。

（1）成品销售发票单据查询对于单条记录的信息显示得很清楚。

（2）成品销售发票明细查询。对于某一个产品或某一个客户的有关销售发票信息都显示出来。

（3）成品出库单未开票查询。对于已经销售出库但还没有开具发票的信息查询。

3．成品销售发票修改

单击菜单项:销售管理→销售发票管理→成品销售发票(不含税价)→成品销售发票修改。

（1）修改。对所选择的记录进行修改,可以弹出编辑窗口。

（2）删除。对于无效的发票可以进行删除操作,但是删除所选择的记录,系统通常会进行删除确认。

（八）寄售库管理

1．寄售库退回成品库

单击菜单项:销售管理→寄售库→入库→寄售库退回成品库。

2．寄售库查询

（1）寄售库单据查询。菜单目录:销售管理→寄售库→查询。可以进行寄售库入库单据查询,寄售库出库单据查询,寄售库移库单据查询。

（2）寄售库流水查询。菜单目录:销售管理→寄售库→查询,可以进行寄售库中出入库、移库情况查询。

（3）寄售库库存明细查询。菜单目录:销售管理→寄售库→查询→寄售库库存明细查询。

（九）退货管理

1．销售退货通知单

（1）输入销售退货通知单。菜单目录:销售管理→销售退货通知单→输入销售退货通知单、由出库流水形成销售退货通知单。

（2）由出库流水形成销售退货通知单。通过对出库流水信息的引入,形成销售退货通知单。

2．销售退货通知单查询

单击菜单项:销售管理→销售退货通知单→销售退货通知单单据查询、未完成销售退货通知单查询、销售退货通知单明细查询。

如销售退货通知单单据查询:查找。查找功能,即打开系统标准的查找窗口,可按照已经配置的项,输入用户所需要的信息要求,进行快速查找。修改。对所选择的记录进行修改,可以弹出编辑窗口。但是对于已经进行过冲退的数据信息不可以进行修改,在单击修改按钮时会出现如下对话框。打印。对选中的信息进行打印操作,在点击“打印”按钮时会弹出所需要的模板。

3．由销售退货通知单退货

单击菜单项:库存管理→成品库管理→出库→成品由退货通知单退货。

4．寄售退货通知单

（1）形成寄售退货通知单。单击菜单项:销售管理→寄售退货通知单→形成寄售退货通知单。通过对入库流水信息的引入,形成寄售退货通知单。

（2）寄售退货通知单查询。单击菜单项:寄售管理→寄售退货通知单→寄售退货通知单查询、寄售退货通知单未发货明细查询、寄售退货通知单明细查询。如寄售退货通知单单据查询：查找。查找功能，打开系统标准的查找窗口，可按照已经配置的项，输入用户所需要的信息要求，进行快速查找。修改。对所选择的记录进行修改，可以弹出编辑窗口。但是对于已经进行过冲退的数据信息不可以进行修改，在单击“修改”按钮时会出现如下对话框：打印。对选中的信息进行打印操作，在点击“打印”按钮时会弹出所需要的模板；如果界面上显示的记录比较多，可以通过查找，输入对应的信息较快的查询到所需要的记录。转Excel。系统中的数据导出到 Excel 中，用户可以选择所需要转换的项进行导出，完成后可以对其中的数据任意编辑和修改。

实验三　采购管理

一、 实验目的和要求

（1）掌握网商 ERP 管理系统中采购管理的相关内容。

（2）掌握企业日常采购业务处理方法。

（3）理解采购管理与其他系统之间的数据关系。

二、 实验内容

（1）供应商管理。

（2）采购总协议管理。

（3）采购合同管理。

（4）收货通知单管理。

（5）库存管理。

（6）发票管理。

三、 实验步骤及方法指导

（一）供应商管理

1．供应商类别设置

单击菜单项：采购管理→供应商管理→供应商类别设置。用户可以通过工具条上的“新增”“修改”和“删除”按钮来进行相应的新增、修改和删除操作。

2. 供应商等级设置

单击菜单项:采购管理→供应商管理→供应商类别设置。用户可以通过工具条上的“新增”“修改”和“删除”按钮来进行相应的新增、修改和删除操作。

3. 供应商基本信息

单击菜单项:采购管理→供应商管理→供应商基本信息。

(二)采购总协议管理

1. 原材料采购总协议管理

(1)输入原材料采购总协议。单击菜单项:采购管理→原材料采购总协议→输入原材料采购总协议。

(2)原材料采购总协议单据查询。单击菜单项:采购管理→原材料采购总协议→原材料采购总协议单据查询。

(3)原材料采购总协议明细查询。单击菜单项:采购管理→原材料采购总协议→原材料采购总协议明细查询。

① 总协议关闭:将已经执行完毕或者无效的总协议进行关闭,前提是该总协议原先是处于运行状态的。② 总协议激活:把已经关闭或中止的总协议重新设置为正常的执行状态;总协议批量关闭:能够一次性关闭多条总协议。③ 总协议转Excel:将需要的记录选择出来或者把所有的记录通过转Excel,选择所需要转的字段,直接转换成Excel,可以方便打印等。④ 总协议查看修改历史:假设查看的记录之前有过修改痕迹,可以通过该项查看到修改之前的值,以及是由谁去修改的。

(4)原材料运行采购总协议明细查询。单击菜单项:采购管理→原材料采购总协议→原材料运行采购总协议明细查询。

2. 成品采购总协议管理

(1)输入成品采购总协议。单击菜单项:采购管理→成品采购总协议→输入成品采购总协议。

(2)成品采购总协议单据查询。单击菜单项:采购管理→成品采购总协议→成品采购总协议单据查询。

(3)成品采购总协议明细查询。单击菜单项:采购管理→成品采购总协议→成品采购总协议明细查询。

（4）成品运行采购总协议明细查询。单击菜单项:采购管理→成品采购总协议→成品运行采购总协议明细查询。

（三）采购合同管理

1. 原材料采购合同管理

（1）输入原材料采购合同。单击菜单项:采购管理→原材料采购合同→输入原材料采购合同。

（2）由采购计划形成采购合同。单击菜单项:采购管理→原材料采购合同→由采购计划形成采购合同。点击"引入"按钮后,采购员可以从弹出的"采购计划"窗口中快速选择相应的产品信息,完成原材料采购合同的编制工作。

（3）原材料采购合同单据查询。单击菜单项:采购管理→原材料采购合同→原材料采购合同单据查询。

（4）原材料采购合同明细查询。单击菜单项:采购管理→原材料采购合同→原材料采购合同明细查询。

（5）原材料采购应交货查询。单击菜单项:采购管理→原材料采购合同→原材料采购应交货查询。

（6）原材料采购合同修改历史查询。单击菜单项:采购管理→原材料采购合同→原材料采购合同修改历史查询。

2. 成品采购合同管理

（1）由销售合同形成采购合同。单击菜单项:采购管理→成品采购合同→由销售合同形成成品采购合同。点击"引入"按钮后,采购员可以从弹出的"销售合同"窗口中快速选择相应的产品信息,完成成品采购合同的编制工作。

（2）输入成品采购合同。单击菜单项:采购管理→成品采购合同→输入成品采购合同。

（3）成品采购合同单据查询。单击菜单项:采购管理→成品采购合同→成品采购合同单据查询。

（4）成品采购合同明细查询。单击菜单项:采购管理→成品采购合同→成品采购合同明细查询。

（5）成品采购应交货查询。单击菜单项:采购管理→成品采购合同→成品采购应交货查询。

（6）成品采购合同特殊说明查询。单击菜单项:采购管理→成品采购合同

→成品采购合同特殊说明查询。

(7) 成品采购合同修改历史查询。单击菜单项:采购管理→成品采购合同→成品采购合同修改历史查询。

(四) 收货通知单管理

1. 原材料收货通知单管理

(1) 形成原材料收货通知单。单击菜单项:采购管理→原材料收货通知单→形成原材料收货通知单。引入条件设置:可以通过“设置”按钮,对引入条件进行约束,如果选择了设置条件,引入条件前面的勾就会打上。

(2) 原材料收货通知单查询。单击菜单项:采购管理→原材料收货通知单→原材料收货通知单查询。

(3) 原材料收货通知单明细查询。单击菜单项:采购管理→原材料收货通知单→原材料收货通知单明细查询。

(4) 原材料未完成收货通知单查询。单击菜单项:采购管理→原材料收货通知单→原材料未完成收货通知单查询。

2. 成品收货通知单

(1) 形成成品收货通知单。单击菜单项:采购管理→成品收货通知单→形成成品收货通知单。

(2) 成品收货通知单查询。单击菜单项:采购管理→成品收货通知单→成品收货通知单查询。

(3) 成品收货通知单明细查询。单击菜单项:采购管理→原材料收货通知单→原材料收货通知单明细查询。

(4) 成品未完成收货通知单查询。单击菜单项:采购管理→成品收货通知单→成品未完成收货通知单查询。

(五) 库存管理

1. 采购待检库管理

(1) 由收货通知单入采购待检库。单击菜单项:库存管理→采购待检库管理→入库→由收货通知单入采购待检库。在对引入进行操作时,可以直接点击“引入”按钮进行操作。点击工具栏的“引入”按钮后,可以从弹出的“收货通知单”窗口中快速选择相应的产品信息,完成采购待检库的编制工作。也可选择供应商后面按钮,然后先选择所需要的供应商,再进行引入,这样引入的信息就和所选择的供应商有关。

（2）采购检验合格入原材料库。单击菜单项:库存管理→采购待检库管理→出库→采购检验合格入原材料库。

（3）采购检验合格入成品库。单击菜单项:库存管理→采购待检库管理→出库→采购检验合格入成品库。

2. 原材料库管理。单击菜单项:库存管理→原材料库管理→入库→由收货通知单入原材料库。通过“引入”按钮引入收货通知单中的具体信息,形成入原材料库的单子。

3. 成品库管理。单击菜单项:库存管理→成品库管理→入库→由收货通知单入成品库。通过“引入”按钮引入收货通知单中的具体信息,形成入成品库的单子。

（六）发票管理

1. 采购发票管理(不含税)

（1）原材料采购发票。① 由原材料入库单登记采购发票。单击菜单项:采购管理→采购发票管理→原材料采购发票(不含税)→由原材料入库单登记采购发票。点击“引入”按钮,由入库流水引入。首先选择供应商,选择完供应商之后,引入对应供应商的“原材料采购入库单未开票明细”界面:选择明细记录后,在主界面的下方就会出现入库明细和开票明细,开票明细中显示的字段就是开票时所需要的字段;如果所选择的信息有误,在弹出的选择供应商界面中有一个清空按钮,直接选择 清空 ,会弹出一个确认清空的对话框,直接单击“是”即能把之前所选择的记录都清除以进行重新选择。② 原材料发票查询。单击菜单项:采购管理→采购发票管理→原材料采购发票(不含税)→原材料采购发票单据查询、原材料采购发票明细查询、原材料入库单未开票查询。③ 原材料采购发票修改。单击菜单项:采购管理→采购发票管理→原材料采购发票(不含税)→原材料采购发票修改。

2. 成品采购发票管理(不含税)

（1）由成品入库单登记采购发票。单击菜单项:采购管理→采购发票管理→成品采购发票(不含税)→由成品入库单登记采购发票。点击“引入”按钮,由入库流水引入。首先选择供应商。选择完供应商之后,引入对应供应商的“成品采购入库单未开票明细”界面,选择明细记录后,在主界面的下方就会出现入库明细和开票明细,开票明细中显示的字段就是开票时所需要的字段,对于开票明细中的记录还可以右击进行新增、删除、全部删除、更新金额等操作；如果所选择的信息有误，在弹出的选择供应商界面中有一个清空按钮，直接选择 清空 ，会弹出一个确认清空的对话框，直接单击“是”即能把之前所选择的记录全都清除以进行重新选择。

（2）成品发票查询。单击菜单项：采购管理→采购发票管理→成品采购发票（不含税）→成品采购发票单据查询、成品采购发票明细查询、成品入库单未开票查询。如成品采购发票单据查询。

（3）成品采购发票修改。单击菜单项：采购管理→采购发票管理→成品采购发票（不含税）→成品采购发票修改。对已经存在的记录进行修改时，其中有些项目是不可以修改的，如品名、入库数量、类型等。删除功能，只需要将不需要的信息选中，单击“删除”按钮即可。

3. 辅料采购发票管理（不含税）。

（1）由辅料入库单登记采购发票。单击菜单项：采购管理→采购发票管理→辅料采购发票（不含税）→由辅料入库单登记采购发票。点击“引入”按钮，由入库流水引入。首先选择供应商。选择完供应商之后，引入对应供应商的“辅料采购入库单未开票明细”界面，选择明细记录后，在主界面的下方就会出现入库明细和开票明细，开票明细中显示的字段就是开票时所需要的字段，对于开票明细中的记录还可以右击进行新增、删除、全部删除、更新金额等操作；如果所选择的信息有误，在弹出的选择供应商界面中有一个清空按钮，直接选择 清空 ，直接单击“是”即能把之前所选择的记录全都清除进行重新选择。

（2）辅料发票查询。单击菜单项：采购管理→采购发票管理→辅料采购发票（不含税）→辅料采购发票单据查询、辅料采购发票明细查询、辅料入库单未开票查询。

（3）辅料采购发票修改。单击菜单项：采购管理→采购发票管理→辅料采购发票（不含税）→辅料采购发票修改。对已经存在的记录进行修改时，其中有些项目是不可以修改的，如品名、入库数量、类型等。删除功能，只需要将不需要的信息选中，单击“删除”按钮即可。

4. 委外加工发票管理（不含税）

（1）由委外加工入库单登记采购发票。单击菜单项：采购管理→采购发票管理→委外加工发票（不含税）→由委外加工入库单登记采购发票。点击“引入”按钮，由入库流水引入。首先选择委外加工厂。选择供应商之后，引入对应委外加工厂的“由委外加工入库单登记采购发票”界面，选择明细记录后，在主界面的下方就会出现入库明细和开票明细，开票明细中显示的字段就是开票时所需要的字段，对于开票明细中的记录还可以右击进行新增、删除、全部删除、更新金额等操作。如果所选择的信息有误，在弹出的选择供应商界面中有一个清空按钮，直接选择清空，会弹出一个确认清空的对话框，直接单击“是”即能把之前所选择的记录都清除以进行重新选择。

（2）委外加工发票查询。单击菜单项：采购管理→采购发票管理→委外加工发票（不含税）→委外加工发票单据查询、委外加工发票明细查询、委外加工入库单未开票查询。

（3）委外加工发票修改。单击菜单项：采购管理→采购发票管理→委外加工发票（不含税）→委外加工发票修改。

实验四　生产管理

一、实验目的

（1）掌握网商 ERP 管理系统中生产管理系统的基础设置及工序产量卡的相关内容。

（2）掌握生产管理系统中计件工资的基础及计件工资的计算。

二、实验内容

（1）生产设置。

（2）工序产量卡。

（3）计件工资。

三、实验步骤及方法指导

（一）生产设置

1. 加工工序设置

单击菜单项：生产管理→生产设置→加工工序设置。基本操作如下：

新增。在当前窗口中新增一条记录，并使窗口的编辑区处于可以编辑状态。修改。对所选择的记录进行修改，并使窗口的编辑区处于可以编辑状态。删除。删除所选择的记录，系统通常会进行删除确认。

2. 工序加工人设置

单击菜单项：生产管理→生产设置→工序加工人设置。基本操作如下：

新增。在当前窗口中新增一条记录，在新增界面，选择所需要设置的加工工序，再将对应的人员添加进来。修改。对所选择的记录进行修改，并使窗口的编辑区处于可以编辑状态。删除。删除所选择的记录，系统通常会进行删除确认。

3. 产品组成设置

单击菜单项：生产管理→生产设置→生产工艺路线。基本操作如下：

（1）新增生产工艺路线。点击工具条上的“新增”按钮，弹出新增窗口。新增窗口内容如下：设置完各个工序并给当前工艺路线进行合法命名后，点击“确定”按钮即可完成。

（2）修改生产工艺路线。选中需要修改的工艺路线后单击工具条上的“修改”按钮，系统弹出修改窗口。修改操作与新增时的操作相同，完成后点击“确定”按钮即可。

4. 产品组成设置

单击菜单项：生产管理→生产设置→产品组成设置。基本操作如下：

（1）新增。点击工具条上的“新增”按钮，选择需要建立产品组成的品名后，右键按钮选择“新增材料”，添加材料信息。添加完所有的材料，点击“确定”，完成产品组成的设置。

（2）修改。选择需要修改的产品组成，单击工具条上的“修改”按钮，在修改窗口中进行修改即可，操作与新增相同。

（3）默认。当一个产品有多种不同的组成时，可能通过“默认”功能将其中一个常用的组成设置为默认，这样在后续生产流转中材料的需求参考默认的产品组成。

（4）替换品名。当某一个产品作为多个产品的加工材料，那么，当该产品的名称发生更改时，可以通过替换品名的方式将所有用于该品名的组成中的名称更新掉。

（5）删除。未形成产品工艺方案的产品可以删除。

5. 产品工艺方案

单击菜单项:生产管理→生产设置→产品工艺方案。基本操作如下:

（1）新增。点击工具条上的“新增”按钮,打开新增工艺方案窗口,点击工艺方案后的按钮,弹出所有未建立工艺方案的产品组成记录,即仅有未设置过工艺方案的产品组成,才可以过滤选择到。选择一条记录后,右键“设置工艺路线”,选择正确的工艺路线后点击“确定”按钮即可完成产品工艺方案的设置。

（2）修改。通过修改按钮可以对工艺路线进行修改。

（3）复制。通过该功能可以复制形成新的工艺路线,同时生成对应的产品组成。

（4）删除。当工艺方案建立后未在系统中进行过生产加工流转,才可以删除。

（5）关闭、激活。当工艺方案建立后在系统中进行过生产加工流转,而以后不再使用该方案,可以将其关闭掉。反操作即激活。

（6）替换工艺路线。当某条工艺路线被多个工艺方案使用了,但需要更换为其他工艺路线时,可以通过该功能进行批量更换。

（7）默认工艺方案。当某种产品的加工有多个工艺方案时,可以将常用的工艺方案设置为默认,在后续生产加工流转操作时,ERP 将自动根据默认方案进行消耗材料。

6. 生产班组设置

单击菜单项:生产管理→生产设置→生产班组设置。

（二）工序产量卡

1. 工序加工产量输入

单击菜单项:生产管理→工序产量卡→工序加工产量输入。

选择品名,加工工序后,输入该工序下相应子工序的工人产量,点击“保存”即可完成该工序产量卡的输入。

2. 工序加工产量查询

查询所有工序产量卡信息,分别有工序加工产量单据查询、工序加工产量明细查询。

(三)计件工资

1. 计件工资类别设置

单击菜单项:计件工资管理→统计项目设置→计件工资设置。

设置主界面:

(1) 班组按系数计算。对于班组加工的业绩,默认是按照班组分配比例将数量折算到个人,也可以将班组分配比例当作加工单价系数使用,此时需在类别设置中勾选“班组按系数计算”选项。个人的业绩 = 班组产量 × 加工单价 × 系数。

(2) 班组直接计算。对于部分工序的业绩只计算到班组再由车间内部进行手工分配的情况,需在类别设置中勾选“班组直接计算”选项。

2. 计件工资项目设置

单击菜单项:计件工资管理→统计项目设置→计件工资项目设置。

3. 工序加工因素设置

单击菜单项:计件工资管理→基础数据设置→工序加工因素设置。

(1) 新增。新增某一个加工工序的单价影响因素,在新增界面通过勾选方式选择。

(2) 修改、删除。修改或删除某一个加工工序的单价影响因素。

4. 加工单价设置

单击菜单项:计件工资管理→基础数据设置→加工单价设置。

5. 计件工资查询

单击菜单项:计件工资管理→工资计算→计件工资查询。

用户可自定义年、月、员工查看指定月份某员工的计件工资,同时,在查询以往历史工资时,可选择是否显示离职员工的计件工资。

实验五　计划管理

一、 实验目的和要求

(1) 掌握网商 ERP 管理系统中计划管理系统的基础设置相关内容。

(2) 掌握成品需求计划、各种生产计划的形成。

(3) 掌握物料需求计算的过程。

（4）掌握派工单及车间生产流转的处理方法。

二、 实验内容

（1）计划设置。

（2）成品需求计划。

（3）成品生产计划。

（4）车间生产计划。

（5）物料需求计算。

（6）派工单管理。

（7）车间生产流转。

三、 实验步骤及方法指导

（一）计划设置

1. 交货要求设置

单击菜单项：计划管理→计划设置→交货要求设置。

2. 生产计划运算规则设置

（二）成品需求计划

单击菜单项：计划管理→成品需求计划→由销售合同形成成品需求计划。基本操作如下：

点击“引入”，选择正确的销售合同。填写完相关信息后，点击“保存”，即可完成成品需求计划的输入。

（三）成品生产计划

单击菜单项：计划管理→成品生产计划→由成品需求计划形成成品生产计划。

引入成品需求计划，输入完相关的数据，保存后即可退出。

（四）车间生产计划

单击菜单项：计划管理→车间生产计划→输入车间生产计划。

（五）物料需求计算

1. 物料需求计算设置

单击菜单项：计划管理→物料需求计算→物料需求计算设置。

2. 物料需求计算

单击菜单项:计划管理→物料需求计算→物料需求计算。

（六）派工单管理

1. 形成派工单

（1）由车间生产计划形成派工单。单击菜单项:计划管理→派工单→半成品派工单→由车间生产计划形成派工单。

。点击该按钮出现车间生产计划选择界面:可多选车间生产计划信息,确定到主界面。

。点击该按钮出现成品生产计划选择界面:可多选成品生产计划信息,确定到主界面。用户可以通过右击的快捷菜单

来删除多余记录。

。可参考需求物料的库存情况,但是不能直接选择或者修改。

（2）输入成品返工派工单。单击菜单项:计划管理→派工单→成品派工单→输入成品返工派工单。

2. 由派工单领料

（1）由半成品派工单从原材料库生产领料。单击菜单项:库存管理→原材料库管理→出库→由半成品派工单从原材料库生产领料。点击

按钮出现派工单物料需求选择界面,可多选派工单信息,确定到主界面。用户可以通过右击的快捷菜单

来删除多余记录。相应的右侧"物料库存"会出现对应物料需求的库存,通过

,用户可以快速从"物料库存"中选择需要领出的物料,显示在"领料清单"中。

（2）由半成品派工单从原材料库返工领料。单击菜单项:库存管理→原材料库管理→出库→由半成品派工单从原材料库返工领料。

（3）由成品派工单从原材料库生产领料。单击菜单项:库存管理→原材料库管理→出库→由成品派工单从原材料库生产领料。

（4）由半成品派工单从半成品库生产领料。单击菜单项:库存管理→半成品管理→出库→由半成品派工单从半成品库生产领料。

（5）由半成品派工单从半成品库返工领料。单击菜单项:库存管理→半成品管理→出库→由半成品派工单从半成品库返工领料。

（6）由成品派工单从半成品库生产领料。单击菜单项:库存管理→半成品库管理→出库→由成品派工单从半成品库生产领料。

(7) 由成品派工单从成品库生产领料。单击菜单项:库存管理→成品库管理→出库→由成品派工单从成品库生产领料。

(8) 由成品派工单从成品库返工领料。单击菜单项:库存管理→成品库管理→出库→由成品派工单从成品库返工领料。

3. 由派工单入库

(1) 由成品生产派工单入库。单击菜单项:库存管理→成品库管理→入库→由成品生产派工单入库。窗口中的“派工单”的输入,可以单击数据项后面的省略号…,打开一个相关联的快速录入窗口,选择数据即可。点击 删除(Y) 全部删除(Z) 按钮,出现所示界面:可多选库存信息,确定到主界面的加工材料栏。继续。继续输入加工结果数据。删除。删除已填写加工结果数据。已输入记录。查看已经输好的加工结果数据。

(2) 由成品返工派工单入库。单击菜单项:库存管理→成品库管理→入库→由成品返工派工单入库。窗口中的“派工单”的输入,可以单击数据项后面的省略号…,打开一个相关联的快速录入窗口,选择数据即可。点击 引入 按钮,出现以下界面:可多选库存信息,确定到主界面的加工材料栏。继续:继续输入加工结果数据。删除:删除已填写加工结果数据。已输入记录:查看已经输好的加工结果数据。

注:其他由派工单入库的操作与以上操作类似,可参考以上操作进行。

(七) 车间生产流转(车间库存管理)

1. 生产领料入车间

以半成品生产领料为例,该功能是将半成品库的产品领出至车间库,在车间库存中进行加工。操作步骤:先选择领用的品名,然后点按钮,此时会把满足品名的数据显示出来,通过 选择 按钮把对应记录选择下来,再修改需要领料的数量;选择加工人和目的仓库,然后保存;保存后,半成品库存根据领出的数量而减少,而车间库存则根据领出的数量增加;

2. 生产完工入库

以生产完工入成品库为例,该功能是将领到车间的物料加工完毕后依然放在车间仓库,待下一道工序的加工。该功能界面如下。操作步骤:引入车间库存,选择正确的库存记录;填写加工结果信息,包括:完工数量,生产批号、仓库等;点击“保存”按钮,在保存确认界面中再次点击“保存”,完成完工入库单的录入;保存后,车间库存的库存明细会减少,成品库库存将增加。

3. 车间在线交接

对于多道工序在车间连续加工时,可以通过车间在线交接完成,即该功能同时实现生产领料、生产完工入库的功能。

实验六　外协管理

一、 实验目的和要求

(1) 掌握网商 ERP 管理系统中外协管理协议的基本内容。

(2) 掌握外协管理领料、入库及出库的过程。

二、 实验内容

(1) 委外加工总协议。

(2) 委外加工合同。

(3) 委外加工合同领料。

(4) 委外加工合同入库。

(5) 委外加工合同出库。

三、 实验步骤和方法指导

(一) 委外加工总协议

1 输入委外加工总协议

单击菜单项:外协管理→委外加工总协议→输入委外加工总协议。

2. 委外加工总协议单据查询

单击菜单项:外协管理→委外加工总协议→委外加工总协议单据查询。用户可以在该窗口中浏览到所有的委外加工总协议信息,并可以详细了解每个总协议的执行情况。如果数据量比较大,可以通过工具条上的“查找”按钮打开系统标准的查找窗口来快速定位所要的记录,也可以通过单击数据标题区进行排序,使数据按照当前列进行升序或降序排列,更方便浏览。

（1）委外加工总协议关闭。用户通过工具栏中的“关闭”按钮，手动关闭总协议。如果选择“关闭”菜单，当前选择的委外加工总协议被关闭；激活是指把已经关闭或中止的总协议重新设置为正常的执行状态。

（2）委外加工总协议修改。用户通过点击工具栏上的“修改”按钮实现对总协议的修改。

3．委外加工总协议明细查询

单击菜单项：外协管理→委外加工总协议→委外加工总协议明细查询。委外加工总协议关闭：用户通过工具栏中的“关闭”按钮，手动关闭总协议。如果选择“关闭”菜单，当前选择的委外加工总协议被关闭；激活是指把已经关闭或中止的总协议重新设置为正常的执行状态。委外加工总协议修改用户通过点击工具栏上的“修改”按钮实现对总协议的修改。查看修改历史：用户通过点击工具栏的“查看修改历史”按钮实现对委外加工总协议的修改历史进行查看。

（二）委外加工合同

1．形成委外加工合同

单击菜单项：外协管理→委外加工合同→输入委外加工合同。

2．委外加工合同单据查询

单击菜单项：外协管理→委外加工合同→委外加工合同单据查询。

3．委外加工合同明细查询

单击菜单项：外协管理→委外加工合同→委外加工合同明细查询。

4．委外加工合同应交货查询

单击菜单项：外协管理→委外加工合同→委外加工合同应交货查询。

5．委外加工合同材料需求明细查询

单击菜单项：外协管理→委外加工合同→委外加工合同材料需求明细查询

（三）由委外加工合同领料

1．由委外加工合同领料

单击菜单项：库存管理→原材料管理→出库→由委外加工合同领料。

点击

按钮出现委外加工合同选择界面，可多选合同信息，确定到主界面。用户可以通过右击的快捷菜单

来删除多余记录。

相应的右侧“库存明细”会出现对应材料需求的库存，通过

，用户

可以快速从“库存明细”中选择需要领出的物料，显示在“领料明细”。

2. 原材料委外加工领料冲退

单击菜单项：库存管理→原材料管理→出库→原材料委外加工领料冲退。点击 引入 按钮出现库存明细选择界面，可多选库存信息，确定到主界面。用户可以通过右击的快捷菜单 删除(Y) 全部删除(Z) 来删除多余记录。

注：半成品库、成品库由委外加工合同领料与以上操作类似，可参考以上操作。

（四）委外加工入库

单击菜单项：外协管理→委外待检库管理→入库→由委外加工合同入委外待检库。窗口中的“外协合同”的输入，可以单击数据项后面的…，打开一个相关联的快速录入窗口，选择委外合同。点击 引入 按钮，引入委外加工库存的加工材料。可多选库存信息，确定到主界面的加工材料栏。继续。继续输入加工结果数据。删除。删除已填写加工结果数据。已输入记录。查看已经输好的加工结果数据。材料引入之后，在“加工结果”页中通过右键新增录入本次加工完的产品信息，包括数量、产品的完成情况。根据产品组成中的比例关系及本次加工结果的完工数量，系统自动减少加工的库存数量。

（五）委外加工出库

单击菜单项：外协管理→委外待检库管理→出库→委外加工检验合格入成品库。通过查找过滤出委外加工待检库中检验完成的产品明细，然后使用界面的“选择”按钮将检验合格的明细下选至移库明细中来，并填写移库的数量及目的仓库后，进行保存。

注：移库数量不可改大于待检库现有数量。保存后，相应的委外加工合同中的完成数量将随入库数量增加。

实验七　设备管理

一、 实验目的和要求

（1）掌握网商 ERP 管理系统中设备管理系统的设备、仓库基本信息设置相关内容。

（2）掌握设备的保养、维修及设备库存管理等相关内容。

二、 实验内容

（1）设备基本信息设置。

（2）设备仓库设置。

（3）设备保养和维修。

（4）设备润滑管理。

（5）设备事故。

（6）设备库存管理。

三、 实验步骤和方法指导

（一）设备基本信息设置

1．设备基本信息设置

设备基本信息模块→设备信息设置模块。

2．设备供应商信息

设备基本信息模块→设备供应商信息模块。

3．保养等级设置

设备基本信息→保养等级设置。

4．保养项目设置

设备基本信息→保养项目设置。

5．保养标准设置

设备基本信息→保养标准设置。

6．点检项目类别设置

设备基本信息→点检项目类别设置。

7．点检项目设置

设备基本信息→点检项目设置。

8．检定项目设置

设备基本信息→检定项目设置。

9. 设备类别设置

设备基本信息模块→设备类别设置模块。

10. 设备类别设置(树型)

设备基本信息模块→设备类别设置模块。

11. 设备注油部位设置

设备基本信息模块→设备注油部位设置模块。

12. 能源编码设置

设备基本信息→能源编码设置。

13. 设备参数项目设置

设备基本信息→设备参数项目设置。

14. 环境参数项目设置

设备基本信息→环境参数项目设置。

15. 设备安全等级设置

设备基本信息模块→设备安全等级设置模块。

16. 设备重要等级设置

设备基本信息模块→设备重要等级设置模块。

17. 员工操作资质等级证书设置

设备基本信息模块→员工操作资质等级证书设置。

18. 设备基本信息文档类别设置

设备基本信息模块→设备基本信息文档类别设置模块。

19. 设备平面分布图

设备基本信息模块→设备平面分布图模块。

20. 设备隶属设置

设备基本信息模块→设备隶属设置模块。

21. 设备资金来源设置

设备基本信息模块→设备资金来源设置模块。

22. 设备动力机类型设置

设备基本信息模块→设备动力机类型设置模块。

23. 设备自定义类型 1/2/3 设置

设备基本信息模块→设备自定义类型 1 设置模块。

（二）设备仓库设置

1．设备仓库编码设置

设备管理→设备库管理→设备仓库设置。

2．设备入库类型设置

设备管理→设备库管理→设备入库类型设置。

3．设备出库类型设置

设备管理→设备库管理→设备出库类型设置。

4．设备调整类型设置

设备管理→设备库管理→设备调整类型设置。

（三）设备保养和维修

1．基本设置

对设备的保养、维修类型、故障原因等进行定义，维护对不同设备进行保养或故障级别、类型的区分。

单击菜单项：设备管理→设备保养和维修→基本设置。

2．设备维修申请单

当设备出现故障需要维修时，由设备使用部门在维修申请功能中输入申请信息，以让相关负责设备维修事宜的部门及时安排设备的维修。

单击菜单项：设备管理→设备保养和维修→设备维修申请单。

3．设备保养计划

为使得设备能够在正常状态下进行工作，企业需要对设备进行定期的保养，避免由于设备的问题导致次品的产出。

单击菜单项：设备管理→设备保养和维修→设备保养计划。

4．设备保养登记

按照计划员安排的设备保养计划，在规定的时间里执行设备的保养。

单击菜单项：设备管理→设备保养和维修→设备保养登记。

5．设备维修登记

设备维修完毕，设备维修部门负责将设备维修信息输入系统。实际操作时，可以将维修申请中的记录引入后再进行登记。

单击菜单项：设备管理→设备保养和维修→设备维修登记。

（四）设备润滑管理

设备的定期润滑工作是设备运行的后勤保障工作，也是不能缺少的日常维护工作。润滑工作看似简单，但随着企业设备数量增多，对于人的要求逐渐升高，要对每台设备在合适的时间、正确的部位添加规定牌号、数量的油品，保障设备的正常运转，一定需要有效的管理方法。

单击菜单项：设备管理→设备润滑管理。

（五）设备事故

企业应当重视每一次出现的生产事故，设备管理者对因设备原因造成的生产事故应该登记存档。当出现因设备故障造成的生产事故时，设备管理人员要分析事故原因，提出处理意见，以免再次发生事故。

在生产过程中，由于设备引起了某些事故，企业需要对事故进行分析，以避免类似情况再次发生。通过设备事故管理模块让企业及时获知设备引起的事故情况，以及时采取应急措施加以处理。

单击菜单项：设备管理→设备事故。

（六）设备库存管理

1. 设备待检库操作

设备经过采购送至车间，设备管理部门及设备使用部门需要对设备进行检查和验收，以判断设备是否符合要求。这段时间内，设备处于待检库，当验收合格后，再由待检库移入设备库。设备待检库的入库操作主要由采购入库，对应冲退功能为采购入库冲退。出库操作为检验合格入设备库，检验不合格移入退货库。

与设备库存相关的操作可以直接选择设备库存记录进行操作，选中的库存记录将被带入相关的操作功能。

设备验收合格入库是当设备检验合格后，由待检库移入设备库，入设备库的所有设备必须对设备进行编号，且入设备库时，需要填写有关检查的结果信息，如调试、验收、移交、审核等信息。

2. 设备退货库操作

设备退货库的入库操作由设备退货库移回待检库（为设备检验不合格入退货库的冲退功能），设备退货库移回设备库（为设备库移入退货库的冲退功能）。出库有设备退货、设备退货冲退功能。设备退货后，该设备将被出库。退货冲退时,可以选择供应商,退货冲退的记录将根据选择的供应商进行过滤。

3. 设备合格库操作

设备合格库可以进行入库、出库、调整的相关操作。

(1) 采购入库。单击菜单项:设备管理→设备库管理→设备待检库→设备待检库库存操作→采购入库。

- 基本信息说明:

设备管理→设备库管理→设备待检库→设备待检库库存操作→抵款入库。

- 基本信息说明:

(2) 采购入库冲退。当设备采购入库时,在 ERP 中入库的数量大于实际入库的数量,此时可以通过采购入库冲退将多入库的数量从 ERP 中减掉。即:

设备管理→设备库管理→设备待检库→设备待检库库存操作→采购入库冲退。

(3) 盘盈。单击菜单项:设备管理→设备库管理→设备待检库→设备待检库库存操作→盘盈。

- 基本信息说明:

(4) 检验合格入库。单击菜单项:设备管理→设备库管理→设备待检库→设备待检库库存操作→检验合格入库。

(5) 检验不合格入退货库

当设备待检库的设备经检验不合格之后,需要将设备退货给供应商。区别未检验、合格及不合格的设备,需要将不合格的设备先移到退货库,以区分设备状态。等待供应商确认,再将退货库的设备退货至供应商。

单击菜单项:设备管理→设备库管理→设备待检库→设备待检库库存操作→检验不合格入退货库。

(6) 盘亏。单击菜单项:设备管理→设备库管理→设备待检库→设备待检库库存操作→盘亏。

(7) 检验合格入库冲退。

实验八　辅料管理

一、　实验目的和要求

（1）掌握网商 ERP 管理系统中辅料采购计划及总协议的相关内容。

（2）掌握辅料管理系统中收货通知单的形成及辅料库查询的操作。

二、　实验内容

（1）辅料采购计划。

（2）辅料采购总协议。

（3）辅料采购合同。

（4）辅料收货通知单。

（5）辅料库查询。

三、　实验步骤及方法指导

（一）辅料采购计划

1. 形成辅料采购计划

单击菜单项:辅料管理→辅料采购计划→形成辅料采购计划。

输入相关数据“保存”后退出即可。

2. 辅料采购计划查询

单击菜单项:辅料管理→辅料采购计划单据查询、辅料采购计划明细查询、辅料采购计划应交货查询。

如辅料采购计划单据查询,单击菜单项:辅料管理→辅料采购计划→辅料采购计划单据查询。

按钮操作:

（1）运行。辅料采购计划输入后的初始状态为“运行”,即辅料采购计划尚未完成。

（2）关闭。即辅料采购计划交易完成,当辅料采购计划的“已交数量”≥“辅料采购计划数量”时,系统自动关闭辅料采购计划;用户也可以在辅料采购计划查询界面通过“关闭”按钮将辅料采购计划进行关闭。选中需要关闭的计划，点击“关闭”按钮即可。

（3）作废。表示辅料采购计划制定后由于某些原因而不再进行交易，用户只能够对整单辅料采购计划进行作废，并且，该辅料采购计划未进行过任何交货。选中需要作废的计划，点击“作废”即可。

（4）修改。点击“修改”按钮。将需要修改的字段值重新输入保存后退出即可。

（5）删除。选中需要删除的采购计划后，点击“删除”按钮即可。

（6）激活。处于“作废”及“关闭”的辅料采购计划可通过“激活”按钮来恢复辅料采购计划的“运行”状态，以继续进行业务活动。

（二）辅料采购总协议

1．输入辅料采购总协议

单击菜单项：辅料管理→辅料采购总协议→输入辅料采购总协议。

输入完信息“保存”后退出即可。

2．辅料采购总协议查询

单击菜单项：辅料管理→辅料采购总协议单据查询、辅料采购总协议明细查询、辅料采购运行总协议查询。

如辅料采购总协议单据查询，单击菜单项：辅料管理→辅料采购总协议→辅料采购总协议单据查询。

按钮操作：

（1）运行。辅料采购总协议输入后的初始状态为“运行”，即辅料采购总协议尚未完成。

（2）关闭。即辅料采购总协议交易完成，当辅料采购总协议的“已交数量”≥“辅料采购总协议数量”时，系统自动关闭辅料采购总协议；用户也可以在辅料采购总协议查询界面通过“关闭”按钮将辅料采购总协议进行关闭。选中需要关闭的总协议，点击“关闭”按钮即可。

（3）激活。处于“作废”及“关闭”的辅料采购总协议可通过“激活”按钮来恢复辅料采购总协议的“运行”状态，以继续进行业务活动。

（4）审核、取消审核。相对的操作，确保采购总协议可以进行后续的操作。

（5）删除。选中需要删除的采购计总协议后，点击“删除”按钮即可。

（6）修改。点击“修改”，将需要修改的值填入后保存退出即可。

（7）转Excel：将辅料采购总协议转换为Excel表的形式输出。点击转“Excel”按钮后，出现界面。

在界面中选择要导出的字段，点击“确定”后，在出现的界面中选择采购总协议输出后存放路径，确定后即可转成Excel。

（三）辅料采购合同

1. 输入辅料采购合同

单击菜单项：辅料管理→辅料采购合同→输入辅料采购合同。填写好信息“保存”后退出即可。

2. 辅料采购合同查询

菜单目录：辅料管理→辅料采购合同单据查询、辅料采购合同明细查询、辅料采购合同应交货查询、辅料采购合同修改历史查询。

单击菜单项：辅料管理→辅料采购合同→辅料采购合同单据查询。

按钮操作：

（1）运行。辅料采购合同输入后的初始状态为“运行”，即辅料采购合同尚未完成。

（2）关闭。即辅料采购合同交易完成，当辅料采购合同的“已交数量”≥“辅料采购合同数量”时，系统自动关闭辅料采购合同；用户也可以在辅料采购合同查询界面通过“关闭”按钮将辅料采购合同进行关。选中需要关闭的合同，点击“关闭”按钮即可。

（3）作废。表示辅料采购合同制定后由于某些原因而不再进行交易，用户只可以对整单辅料采购合同进行作废，并且，该辅料采购合同未进行过任何交货。选中需要作废的合同，点击“作废”即可。

（4）删除。选中需要删除的采购合同后，点击“删除”按钮即可。

（5）激活。处于“作废”及“关闭”的辅料采购合同可通过“激活”按钮来恢复辅料采购合同的“运行”状态，以继续进行业务活动。

（6）修改。在采购合同未审核和签返时，点击“修改”按钮后，出现如下界面：

将所要修改的信息输入、保存后点击“关闭”即可。

(7) 审核、签返。将查询中的辅料采购合同进行审核签返,然后进行后续操作。

(四) 辅料收货通知单

1. 形成辅料收货通知单

单击菜单项:辅料管理→辅料收货通知单→形成辅料收货通知单。

2. 辅料收货通知单查询

单击菜单项:辅料管理→辅料收货通知单单据查询、辅料收货通知单明细查询、辅料未完成收货通知单查询。

如辅料收货通知单明细查询,单击菜单项:辅料管理→辅料收货通知单→辅料收货通知单明细查询。

按钮及操作:

(1) 删除。选中需要删除的辅料收货通知单后,点击“删除”按钮即可。

(2) 修改:点击“修改”按钮。

3. 辅料收货通知单入库

由收货通知单入库,单击菜单项:辅料管理→辅料库管理→入库→由收货通知单入辅料库。

引入收货通知单后,点击“保存”退出即可。

(五) 辅料库查询

1. 辅料库存明细查询

单击菜单项:辅料管理→辅料库管理→查询→辅料库存明细查询。

2. 辅料借用

单击菜单项:辅料管理→辅料库管理→出库→辅料借用。

3. 辅料归还

单击菜单项:辅料管理→辅料库管理→出库→辅料归还。引入数据后保存好退出即可。

第十章 “工程经济学”课程设计

一、 设计目的和要求

（1）掌握工程经济与财务评价基本报表的编制、相关指标的计算。

（2）掌握运用 Excel 建立各财务报表之间的链接、运用粘贴函数计算财务评价指标。

二、 设计内容

（1）运用 Excel 编制财务评价报表（成本费用、损益表、现金流量表），建立财务报表相关数据之间的运算关系和各财务报表之间的链接关系。

（2）运用粘贴函数计算财务评价指标（净现值、内部收益率、静态投资收益率、动态投资回收期），见表 10-1。

表 10-1 设计项目

序号	设计项目	设计内容
1	时间价值的计算。	熟悉电子表格 Excel 求解工具软件包的工作界面，掌握利用电子表格 Excel 进行货币时间价值的计算、复利系数表的编制；掌握基本财务函数的利用；熟悉单变量求解、模拟运算表等工具的运用。
2	电子表格 Excel 在经济评价模型、不确定性分析模型中的应用；电子表格 Excel 在建设项目可行性研究中的应用。	掌握电子表格 Excel 计算投资利润率、投资回收期、借款偿还期、净现值、内部收益率，盈亏平衡分析计算、敏感性分析计算。通过一个完整实例，掌握电子表格 Excel 在建设项目可行性研究中的计算分析。

三、设计设备及软件

（1）计算机。

（2）Excel 软件。

四、关于 Excel 软件的说明

（1）财务指标函数

Excel 提供了丰富的函数，这些函数基本上可以归纳为九大类，即财务函数、日期与时间函数、数学与三角函数、统计函数、查找与应用函数、数据库函数、文本函数、逻辑函数、信息函数。

Excel 提供的财务函数共包括四大类：计算投资的函数、计算偿还率的函数、计算折旧的函数、分析债务的函数。这些函数可以帮助计算相关的工程经济评价指标，而不必构造复杂的公式。与工程项目财务评价有关的函数很丰富，如 NPV（rate，value1，，value2，…）；IRR（values，guess）；FV（rate，nper，pmt，pv，type）（详见 EXCEL）。

（2）函数中各参数的含义

函数中各参数的含义如下：

fv：终值；nper：计算期；per：计算利息数额的期次；pmt：年金；pv：现值；rate：利率或折现率；type：数字 0 或 1，用以制定各期的付款时间是在期初还是在期末，1 为期初，0 或省略为期末。

value1，value2，…：1~29 次不相等的现金流。

▲pv 函数

格式：pv（rate，nper，pmt，fv，type）

作用：计算系列年金或终值的现值。

▲NPV 函数

格式：NPV（rate，value1，value2，…，value29）。

作用：计算某一净现金流量的净现值。

注意：① pv 函数计算的是年金现值；NPV 函数中现金流量是可以变化的。

② pv 函数中现金流量的正负无特别的限制；而 NPV 函数假定前几期的现金流量为负值，如果投资在第 0 年发生，那么就不应该把投资作为函数的

value 参数之一，而应该从该函数的计算结果中减去预先支付的投资额。

▲fv 函数

格式：fv(rate,nper,pmt,pv,type)。

作用：计算一期现金流量或系列等额现金流量的终值。

▲pmt 函数

格式：pmt(rate,nper,pv,fv,type)。

作用：计算年金。

▲Ipmt 函数

格式：Ipmt(rate,per,npmt,pv,fv,type)。

作用：计算在指定期限内，分期定额且以固定利率偿还贷款的利息部分。一期现金流量或系列等额现金流量的终值。

五、 设计背景

（一）项目概况

项目建设期 2 年，第一年投入 1 500 万元，第 2 年投入 1 200 万元，第三年建成投产，并投入流动资金 900 万元，当年取得收入 5 200 万元，缴纳销售税金及附加 2 600 万元，第四年至第十二年达到设计生产能力，每年取得收入7 400万元，缴纳销售税金及附加 3 700 万元，运行期末回收残值 210 万元，已知折现率 10%。

（二）完成下述工程项目评价

1. 工程项目概述

该项目是某省重点建设项目，主要生产 HG－YL 化工原料，产品市场前景好。经过技术论证，可行。项目建设用地、能源供应、设备采购、原材料供应等已确立了解决的方案，建设资金筹集方式已确定。

2. 有关基本数据

（1）生产规模：设计能力为 50 000 吨/年。

（2）项目计算期：计算期共计 15 年，其中建设期 3 年，生产期 12 年，投产后第一年达到生产能力的 80%，第二年达到设计能力。

（3）资金分年使用计划见表 10-2。

表 10-2　资金分年使用计划　　单位:万元

时间	第一年	第二年	第三年	第四年	第五年
投入资金	380	2 000	820	368	92

(4) 产品成本:总成本正常年份为 8 150 万元,其中,固定成本 1 100 万元,可变成本 7 050 万元。

(5) 经营费用:投产第一年的经营费用为 4 780 万元,正常生产年份的经营费用为 6 500 万元。

(6) 产品价格:2 000 元/吨。

(7) 基准收益率:10%。

(8) 行业基准投资回收期为 9 年。

(三) 评价分析要求

(1) 画出项目方案的现金流量图。

(2) 计算项目的动态投资回收期并对该项目进行技术经济评价。

(3) 计算项目的净现值指标并对该项目进行技术经济评价。

(4) 计算项目的内部收益率并对该项目进行技术经济评价。

(5) 用盈亏平衡分析法计算该项目的盈亏平衡产量、盈亏平衡销售价格、盈亏平衡生产能力利用率并进行经济分析。

(6) 提出相对合理的利润指标并进行技术经济分析。

(7) 就销售价格、经营费用、生产能力利用率发生变化进行灵敏度分析。

六、设计报告与评价

每位学生提交一份课程设计报告,对上述数据进行处理,并运用相关理论和方法进行有效决策分析。

根据设计报告,评价自己在操作时存在的问题和解决方法、应注意的事项。

第十一章 “设施规划与物流分析”课程设计

一、 课程设计的目的和要求

（1）能正确运用物流管理基本原理及有关专业知识，学会由产品入手对工厂生产系统进行调研分析的方法。

（2）通过对某工厂布置设计的实际操作，熟悉系统布置设计方法中的各种图例符号和表格，掌握系统布置设计方法的规范设计程序。

（3）通过课程设计，培养学生学会编写有关技术文件。

（4）通过课程设计，初步树立正确的设计思想，培养学生运用所学专业知识分析和解决实际技术问题的能力。

二、 课程设计内容及步骤

物流系统规划与设计的主要目标是培养学生如何分析、发现现有生产厂布置方面存在的问题，并加以改善的工作能力，以及掌握完整的系统布置设计方法。为此，本课程设计包括两个阶段：一是现场调研阶段；二是给定工厂布置设计阶段。具体要求如下：

（一）现场调研

适当选择一个小型工厂作为研究对象，该工厂的生产类型最好属于多品种、中小批量生产，其产品品种在 5 ~10 种，生产部门与主要辅助部门 10 个左右。完成下列工作：

（1）产品调查。分析产品构成，详细列出工厂主要产品零、部件明细表。

（2）生产工艺过程调查。针对 3 ~5 种主要产品加工工艺过程绘制详细工艺过程图，并注明各工序间物料搬运量。

（3）绘制各生产车间、仓储部门之间的物料流程图。

（4）作业单位调查。针对各种不同的部门编制相应内容的调查表。对于生产车间，主要调查产品、产量、设备类型与台数、物料流动模式、建筑物结构形式与占地面积等；对于职能管理部门，主要调查职责、人员构成、设备配备、办公室面积等；对于仓储部门，应调查储存物品、储存方式、占地面积等；对于辅助服务部门，主要调查工作性质、功能、占地面积等。当上述数据调查有困难时，可以简单地从工厂平面布置图中直接取得各部门的占地面积。

（5）绘制工厂现有平面布置图。

（6）对现在平面布置进行分析，找出不合理处，并提出改进意见。

（二）工厂布置设计

针对给定的工厂实例，完成下列工作：

（1）产品分析，产品—产量分析，确定生产类型。

（2）生产工艺过程分析，绘制工艺过程图。

（3）进行物流分析，得到物流相关表。

（4）进行作业单位相互关系分析，得到作业单位相互关系表。

（5）将作业单位物流相关表与非物流相互关系表加权合并，求出作业单位综合相互关系表。

（6）绘制作业单位位置相关图。

（7）绘制作业单位面积相关图。

（8）参考现场调研的情况，列出影响布置的修正因素与实际限制条件。

（9）产生三套布置方案。

（10）布置方案的自我评价。从物流效率、工艺流程要求及生产变化的适应性等方面对各方案进行比较，得出最佳方案。

3. 编写课程设计说明书

课程设计说明书是整个设计工作的总结，应包括现场调研报告及工厂布置设计各个阶段的工作内容。

（1）现场调研报告。应包括必要的图表与文字说明，不少于 3 000 字。

（2）工厂布置设计说明书。应包括各阶段工作数据表格、各布置方案简图及文字说明，工作量不少于 12 000 字。

4. 图样工作量

图样是工厂布置设计的阶段成果与最终成果,包括:

(1) 作业单位位置相关图 1 张。

(2) 作业单位面积相关图 1 张。

(3) 布置方案图 3 张。

(三) 课程设计进度计划

本课程设计计划用两周时间完成,各阶段进度计划如下。

1. 现场调研

(1) 产品调查 1 天。

(2) 工艺过程调查 2 天。

(3) 现有工厂平面布置状况调查 1 天。

(4) 编写调研报告 1 天。

2. 工厂平面布置设计

(1) 物流分析 2 天。

(2) 作业单位相互关系分析,物流与非物流相互关系合并 1 天。

(3) 绘制作业单位位置相关图 1.5 天。

(4) 绘制作业单位面积相关图 0.5 天。

(5) 绘制布置方案图 2 天。

(6) 编写设计说明书 2 天。

(7) 准备答辩与答辩 1 天。

(四) 课程设计的答辩与成绩评定

1. 答辩

学生按照设计任务书的规定要求,经过现场调研与布置设计两个阶段完成设计任务,并经指导教师审核签字同意后,在规定的时间内进行答辩。

答辩小组由主考学校或指定单位组织,以指导教师为主,由讲师、工程师以上职称人员组成,总人数不少于 3 人。

答辩时,规定学生用 5 分钟时间自述主要设计内容,然后回答答辩小组成员提出的问题。每位学生的答辩时间一般为 10 分钟。

2. 成绩评定

课程设计成绩按优良、中、及格和不及格记分。具体见评分标准。

三、 系统布置设计

（一）概述

1. 工厂设计研究范围

设施规划与设计是一种对企业的设备、物料及人员所需空间进行合理分配和有效组合的技术，其研究对象相当广泛，不仅涉及工矿企业，还包括学校、医院、商店等各行各业。就工厂设计而言，主要包括厂址选择、工厂平面布置、物料搬运与仓储、能源管理和办公室布置等研究内容。

（1）厂址选择。

新建与扩建工厂时，首先要对未来的厂址进行选择，一是要确定工厂坐落的地区，二是要确定工厂在该地区的具体位置。

关于地区的选择，一般受当地工业布局的限制及社会宏观经济的约束。

影响工厂布置的因素很多，可分为定量的成本因素和定性的非成本因素。重要的成本因素包括：① 运输成本；② 原材料的供应成本；③ 动力能源和水的供应量及成本；④ 土地成本和建筑成本；⑤ 劳动力资源的供应量、素质及成本；⑥ 其他各类社会服务成本等。

定性的非成本因素包括：当地的气候、地理环境、政策法规、社会因素及科技发展水平等。其中包括环境保护、防止污染等。

建设新厂时，工厂的位置应尽量适应工厂未来发展的需要；对于改、扩建工厂，应充分考虑原有厂房的利用。

（2）工厂布置。

工厂布置主要包括工厂总平面布置和车间布置两个方面。

工厂总平面布置要对工厂的生产车间、物料储运部门、管理部门和生产服务部门的建筑物、场地和道路等，按照各部门之间相互关系的密切程度做出合理的安排。车间布置主要是考虑工艺过程、物流量等因素，对机器设备、运输通道等做出合理的布局。

工厂布置是工厂设计的核心内容。

（3）物料搬运。

工厂内的物料搬运涉及全厂工艺过程、搬运作业、仓库管理、信息系统等各个方面。现代物料搬运的重要特征是把物料搬运过程中的所有环节（包括运输、装卸、储存、加工、装配和包装等）当作一个整体的物流系统来考虑，并与工厂布置密切结合，使工厂物料流动与转移更趋合理，减少物料和能源消耗，缩短物料流动周期，提高产品质量，减少劳动力，最终实现系统总体效益最优化。

2. 工厂布置的目标

任何一种系统的设计工作必须具备四个目标，即可行性、经济性、安全性和柔性。一家工厂就是一个复杂的生产系统，因此，工厂设计当然应追求这 4 个目标。对于工厂布置来说，主要表现在：

（1）必须满足生产工艺过程的需要（可行性）。

（2）减少物料搬运（经济性）。

（3）减少设备投资（经济性）。

（4）提高在制品的周转率（经济性）。

（5）充分利用现有空间（经济性）。

（6）有效发挥人力及设备的生产能力（经济性）；

（7）生产系统必须具备较大的加工范围，适应多种产品的生产。当产品品种变化时，生产系统调整要简便（柔性）。

（8）维持良好的工作环境，确保操作人员舒适安全地工作（安全性）。

3. 工厂布置的基本设计原则

为了达到上述的工厂布置目标，在根据当地规划要求确定适当的厂址位置的前提下，应根据下列原则进行工厂布置。

（1）工厂总平面布置设计原则。

① 满足生产要求，工艺流程合理。工厂总体布局应满足生产要求，符合工艺过程，减少物流量，同时重视各部门之间的关系密切程度。具体布置模式有三种：

a. 按功能划分厂区，即将工厂的各部门按生产性质、卫生、防火与运输要求的相似性，将工厂划分为若干功能区段。如中、大型机械工厂的厂区，可划分为加工装配区、备料（热加工）区、动力区、仓库设施区及厂前区等。这种布置模式的优点是各区域功能明确，相互干扰少，环境条件好，但是，这种布置模式难以完全满足工艺流程和物流合理化的要求。

b. 采用系统布置设计模式，即按各部门之间物流与非物流相互关系的密切程度进行系统布置，因此，可以避免物料搬运的往返交叉，节省搬运时间与费用。

c. 适应工厂内外运输要求,线路短捷顺直。工厂总平面布置要与工厂内部运输方式相适应。根据生产产品产量特点,可以采用铁路运输、道路运输、带式运输或管道运输等。根据选定的运输方式、运输设备及技术要求等,合理地确定运输线路及与之有关的部门的位置。

厂内道路承担着物料运输、人流输送、消防通行的任务,还具有划分厂区的功能;道路系统的布局对厂区绿化美化、排水设施布置、工程管线铺设,也有重大影响。

工厂内部运输方式、道路布局等应与厂外运输方式相适应,这也是工厂总平面布置应给予重视的问题。

② 合理用地。节约用地是我国的一项基本国策。工业企业建设中,在确保生产和安全的前提下,应尽量合理地节约建设用地。在工厂总平面布置时可以采取如下措施:

a. 根据运输、防火、安全、卫生、绿化等要求,合理确定通道宽度及各部门建筑物之间的距离,力求总体布局紧凑合理。

b. 在满足生产工艺要求的前提下,将联系密切的生产厂房进行合并,建成联合厂房。此外,可以采用多层建筑或适宜的建筑物外形。

c. 适当预留发展用地。

③ 充分注意防火、防爆、防振与防噪声。安全生产是工厂布局首先要考虑的问题,在某些危险部门之间应留出适当的防火、防爆间距。

振动会影响精密作业车间的生产,因此,精密车间必须远离振源或采用必要的隔振措施。如机械厂的精加工车间及计量部门应远离锻造车间或冲压车间。

噪声不仅影响工作,而且还会摧残人的身体健康。因此,在工厂总平面布置时要考虑防噪声问题,一可以采取隔音措施,降低噪声源发出的噪声级;二可以采取使人员多的部门远离噪声源的方法。

④ 利用风向,朝向的自然条件,减小环境污染。生产中产生的有害烟雾和粉尘会严重影响工作人员的身体健康,并会造成环境污染。进行工厂总平面布置前,必须了解当地全年各季节风向的分布和变化转换规律,绘制成风向图,找出全年占优势的盛行风向及最小风频风向。如我国北方大部分地区春、夏季盛

行东南风,秋、冬季盛行西北风。散发有害烟雾或粉尘的车间,应分布在两盛行风向间的最小风频风向的上风侧,如图 11-1 所示。

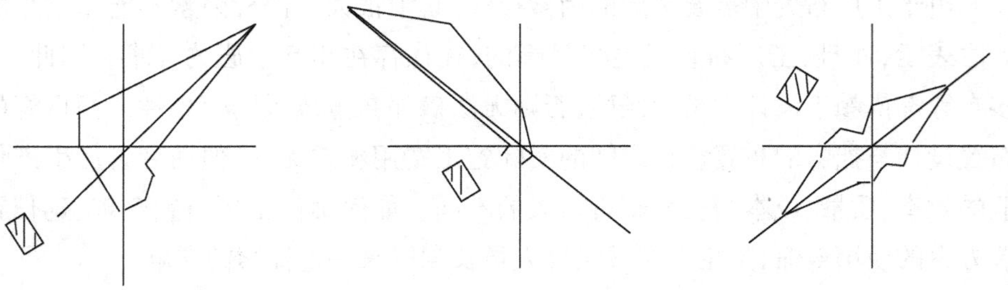

图 11-1 风向与污染源建筑物位置关系

另外,建筑物的朝向也是工厂总平面布置时应注意的问题,特别是对日照、采光和自然通风要求较高的建筑物,更应注意这个问题。

⑤ 充分利用地形、地貌、地质条件。

⑥ 考虑建筑群体的空间组织和造型,注意美学效果。

⑦ 考虑建筑施工的便利条件。

上述设计原则涉及面非常广,往往存在相互矛盾的情况,应结合具体条件分别考虑。

(2) 车间布置设计原则。

① 确定设备布置形式。根据车间的生产纲领,分析产品—产量关系,从而确定生产类型是大量生产、成批生产还是单件生产,由此决定车间设备布置形式是采用流水线式、成组单元式还是机群式。

② 满足工艺流程要求。车间布置应保证工艺流程顺畅,物料搬运方便,减少或避免往返交叉物流现象。

③ 实行定置管理,确保工作环境整洁、安全。车间布置时,除对主要生产设备安排适当位置外,还需对其他所有组成部分包括在制品暂存地、废品废料存放地、检验试验用地、工人工作地、通道及辅助部门如办公室、生活卫生设施等安排出合理的位置,确保工作环境整洁及生产安全。

④ 选择适当的建筑形式。根据工艺流程要求及产品特点,配备适当等级的起重运输设备,进一步确定建筑物高度、跨度、柱距及形状。

⑤ 采光、照明、通风、采暖、防尘、防噪声。

⑥ 具备适当的柔性，适应生产的变化。

4. 工厂布置方法

由于工厂布置中需要考虑的因素很多，其中很大一部分因素不能用定量的方法表示，而且，工厂布置又是多目标的，往往存在相互矛盾的要求。因此，许多布置都依赖于设计人员的经验，否则无法确保布置成果的合理性。而良好的布置设计与拙劣的布置设计之间的实际施工费用相差无几，但两者日后生产作业的效率、质量、成本与安全却有极大的不同。如何确保工厂布置合理、延长布置方案的使用寿命，是工厂布置设计人员长期以来一直探索的课题。

美国 R. Muther 提出的系统布置设计 SLP 法提供了一整套具有清晰条理性和严密逻辑性的分析方法。SLP 法采用作业单位间关系密级与相互关系表、图来研究各种因素对布置设计的影响，使布置设计由定性阶段发展到了定量阶段，受到广大设计人员的欢迎，在许多领域都得到了广泛应用。

（二）系统布置设计（SLP）模式

1. 系统布置设计基本要素

一般讲，工厂布置设计就是在根据社会需要确定出某些待生产的产品及其产量及确定厂址的前提下，完成工厂总平面布置和车间布置，提供布置方案的实施。

产品及产量由决策部门在设计纲领中作出规定；厂址的确定主要由经营决策人员根据某些社会因素、经济因素及自然条件做出决策；建厂工作则主要由土建施工人员来完成。与设施布置设计人员直接相关的任务是总平面布置和车间布置。

如图 11-2 所示，为了完成工厂总平面布置和车间布置，需要从产品 P 及产量 Q 出发，首先对产品组成进行分析，确定各零部件生产类型，制定出各个零部件的加工、装配工艺流程；根据工艺流程各阶段的特点划分出生产车间，并根据生产需要设置必要的职能管理部门及附属生产与生活服务部门。整个工厂就是由生产车间、职能管理部门、附属生产及生活服务部门及为使生产连续进行而设置的仓储部门这几类作业单位所构成。然后，由工厂布置设计人员来完成工厂总平面布置及车间布置。

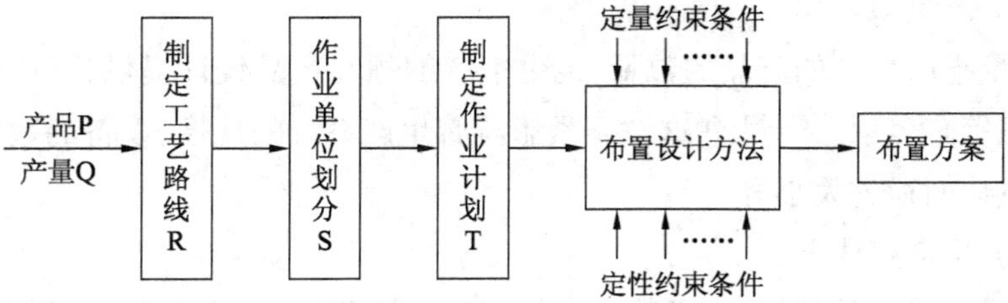

图 11-2 工厂设计过程

在图 11-2 中,基本给定条件(要素)为产品 P 及产量 Q,涉及除平面布置设计以外的如制定加工、装配工艺过程等多种专业技术问题,要求多种专业技术人员配合协作来完成。

为了突出平面布置设计,可把平面布置前各阶段工作的结果作为给定要素来处理,包括工艺流程 R、辅助服务部门 S 及生产时间安排 T,这样就形成了单纯的工厂布置模型,如图 11-3 所示。

在 R. Muther 提出的系统布置设计(SLP)中把产品 P、产量 Q、生产路线 R、辅助服务部门 S 及生产时间安排 T 作为给定的基本要素(原始资料),作为布置设计工作的基本出发点。

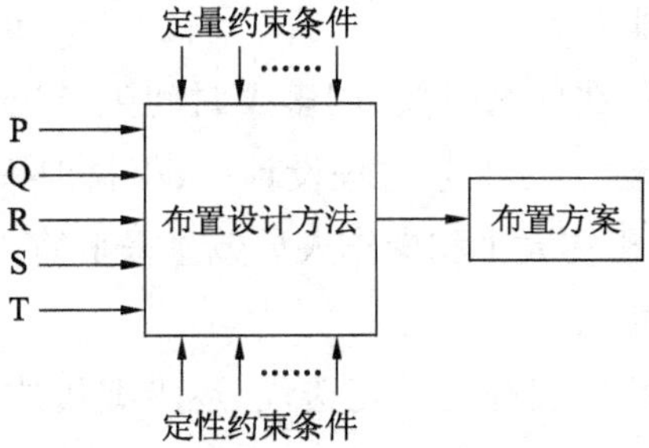

图 11-3 工厂布置模型

(1) 产品 P。

产品 P 是指待布置工厂将要生产的商品、原材料或者加工的零件和成品等。这些资料由生产纲领和产品设计提供,包括项目、品种类型、材料、产品特性等。产品这一要素影响着生产系统的组成及其各作业单位间的相互关系、生产设备的类型、物料搬运方式等。

（2）产量 Q。

产量指所生产的产品的数量，也由生产纲领和产品设计提供，可用件数、重量、体积等来表示。产量 Q 这一要素影响着生产系统的规模、设备的数量、运输量、建筑物面积的大小等。

（3）生产路线 R。

为了完成产品的加工，必须制定加工工艺流程，形成生产路线，可用工艺过程表（卡）、工艺过程图、设备表等表示。它影响着各作业单位之间的关系、物料搬运路线、仓库及堆放地的位置等。

（4）辅助服务部门 S。

在实施系统布置工作以前，必须对生产系统的组成情况有一个总体的规划，可以大体上分为生产车间、职能管理部门、辅助生产部门、生活服务部门及仓储部门等；可以把除生产车间以外的所有作业单位统称为辅助服务部门 S，包括工具、维修、动力、收货、发运、铁路专用路线、办公室、食堂等，这些作业单位构成生产系统的生产支持系统部分，在某种意义上加强了生产能力。有时，辅助服务部门的占地总面积接近甚至大于生产车间所占面积，所以布置设计时应给予足够的重视。

（5）生产时间安排 T。

生产时间安排是指在什么时候、用多少时间生产出产品，包括各工序的操作时间、更换批量的次数。在工艺过程设计中，根据时间因素确定生产所需各类设备的数量、占地面积的大小和操作人员数量来平衡各工序的生产时间。

2. 系统布置设计模式

任何一种系统设计过程都是反复迭代、逐步细化的寻求最优解的过程，工厂布置设计更是如此。设计步骤的正确与否往往是工厂布置设计能否成功的关键，系统布置设计 SLP 模式就是一种人们广为采用的、成功的设计方法。

系统布置设计是一种逻辑性强、条理清楚的布置设计方法，分为确定位置、总体区划、详细布置及实施 4 个阶段，在总体区划和详细布置两个阶段采用相同的 SLP 设计程序。

（1）确定位置（阶段 Ⅰ）。

在新建、扩建或改建工厂或车间时，首先应确定出新厂房坐落的地区位置。在这个阶段中，要明确待建工厂的产品、计划生产能力，参与同类工厂确定待建工厂的规模,从待选的新地区或现有工厂中确定出可供利用的厂址。

(2) 总体区划(阶段Ⅱ)。

总体区划又叫区域划分,就是在已确定的厂址上规划出一个总体布局。

此阶段中,首先应明确各生产车间、职能管理部门、辅助服务部门及仓储部门等作业单位的工作任务与功能,确定其总体占地面积及外形尺寸。在确定了各作业单位之间的相互关系后,把基本物流模式和区域划分结合起来进行布置。

(3) 详细布置(阶段Ⅲ)。

详细布置一般是指一个作业单位内部机器及设备的布置。

在详细布置阶段,要根据每台设备、生产单元及公用、服务单元的相互关系,确定出各自的位置。

(4) 实施(阶段Ⅳ)。

在完成详细布置设计后,经上级批准可以进行施工设计,绘制大量的详细安装图,编制搬迁、安装计划,按计划进行机器设备及辅助装置的搬迁、安装施工工作。

在系统布置设计过程中,上述4个阶段按如图11-4所示的顺序交叉进行。在确定位置阶段,就必须大体确定各主要部门的外形尺寸,以便确定工厂总体形状和占地面积;在总体区划阶段,就有必要对某些影响重大的作业单位进行较详细的布置。整个设计过程中,随着阶段的进展,数据资料逐步齐全,从而能发现前期设计中存在的问题,通过调整修正,逐步细化、完善设计。

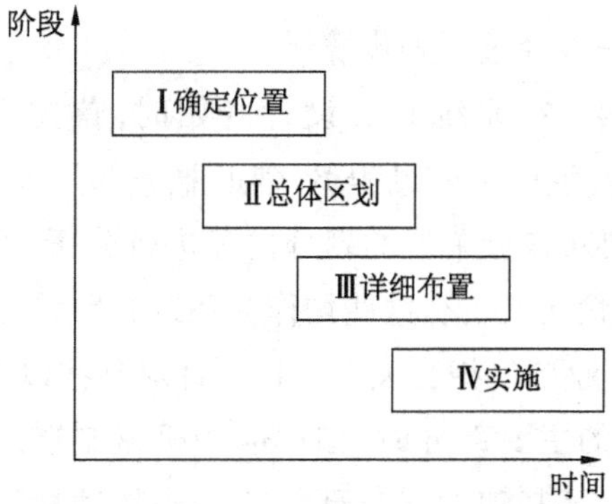

图11-4 工厂布置的阶段结构

在系统布置设计的 4 个阶段中,阶段Ⅰ与阶段Ⅳ由其他专业人员负责,系统布置设计人员应积极参与;阶段Ⅱ和阶段Ⅲ由系统布置设计人员来完成。因此,可以说工厂布置包括工厂总平面布置(总体区划)及车间布置或车间平面布置(详细布置)两项内容。

在系统布置设计阶段Ⅱ和阶段Ⅲ,采用相同的设计步骤——系统布置设计SLP 程序,如图 11-5 所示。

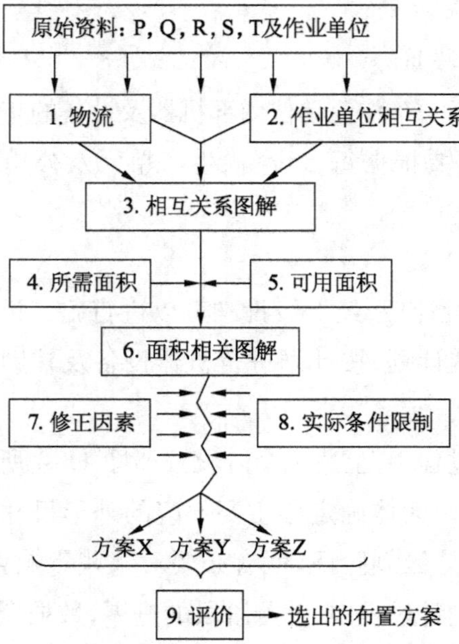

图 11-5　SLP 设计程序模式

在 SLP 程序中,一般经过下列步骤:

① 准备原始资料。在系统布置设计开始时,首先必须明确给出基本要素——产品 P,产量 Q,生产工艺过程 R,辅助服务部门 S 及时间安排 T 等这些原始资料,同时也需要对作业单位的划分情况进行分析,通过分解和合并,得到最佳的作业单位划分状况。所有这些均作为系统布置设计的原始资料。

② 物流分析与作业单位相互关系分析。针对某些以生产流程为主的工厂,物料移动是工艺过程的主要部分时,如一般的机械制造厂,物流分析是布置设计中最重要的方面;对某些辅助服务部门或某些物理量较小的工厂,各作业单位之间的相互关系(非物流联系)对布置设计就显得更重要;介于上述两者之间

的情况，则需要综合考虑作业单位之间物流与非物流的相互关系。

物流分析的结果可以用物流强度等级及物流相关表来表示。非物流的作业单位间的相互关系可以用关系密级及相互关系表来表示。在需要综合考虑作业单位间物流与非物流的相互关系时，可以采用简单加权的方法将物流相关表及作业单位间相互关系表综合成综合相互关系表。

③ 绘制作业单位位置相关图。根据物流相关表与作业单位相互关系表，考虑每对作业单位间相互关系等级的高低，决定两作业单位相互位置的远近，得出各作业单位之间的相对位置关系，有些资料上也称之为拓扑关系。这时并未考虑各作业单位具体的占地面积，从而得到的仅是作业单位位置相关图。

④ 作业单位占地面积计算各作业单位所需占地面积与设备、人员、通道及辅助装置等有关，计算出的面积应与可用面积相适应。

⑤ 绘制作业单位面积相关图。把各作业单位占地面积附加到作业单位位置相关图上，就形成了作业单位面积相关图。

⑥ 修正。作业单位面积相关图只是一个原始布置图，还需要根据其他因素进行调整与修正。此时需要考虑的修正因素包括物料搬运方式、操作方式、储存周期等，同时还需要考虑实际限制条件，如成本、安全和职工倾向等方面是否允许。

考虑了各种修正因素与实际限制条件后，对面积图进行调整，得出数个有价值的可行方案。

⑦ 方案评价与选优。针对得到的数个方案，需要进行费用及其他因素评价。通过对各方案的比较评价，选出或修正设计方案，得到布置方案图。

（三）基本要素分析

1. 产品-产量（P-Q）分析

企业生产的产品品种的多少及每种产品产量的高低，决定了工厂的生产类型，进而影响着工厂设备的布置形式，见表 11-1。表中列出了大量生产、成批生产及单件生产情况下的生产特点及设备布置类型。

表 11-1 生产类型特点

	条件	大量生产(流水线生产)	成批生产	单件生产
需求条件	品种	品种较少,产品的品种、规格一般由企业自己决定	品种较多,产品品种、规格由企业或用户决定	品种繁多,产品品种、规格多由用户决定,产品功能有某些特殊要求
	质量	质量变动少,要求有互换性	质量要求稳定,但每批质量可以改进	每种产品都要求有自己的规格和质量标准
	产量	产量大,可以根据国家计划或市场要求预测,预先确定销售(出产)量	产量较小,可以分批轮番生产,可以根据市场预测和订货确定出产量	产量小,由顾客订货时确定产量
技术特点	设备	多采用专用设备	部分采用专用设备	采用通用设备
	工业装备	专用工艺装备	部分专用工艺装备	通用工艺装备
	工序能力	通过更换程序能够生产多种规格产品,各工序能力要平衡	通过更换程序,能够生产许多品种,主要工序能力要平衡	通过更换程序,能够生产多品种,各工序能力不需要平衡
	运输	使用传送带	使用卡车、吊车	使用吊车、手推车
	零件互换性	互换选配	部分钳工修配	钳工修配
	标准化	原材料、零件工序和操作要求标准化	对规格化、通用化零件要求标准化	对规格化、通用化零件要求标准化
生产管理特点	设备布置	产品原则(对象原则)	混合原则(成组原则)	工艺原则
	劳动分工	分工较细	一定分工	粗略分工
	工人技术水平	专业操作	专业操作多工序	多面手
	计划安排	精确	比较精确	粗略、临时派工
	库存	用库存成品调节产量	用在制品调节生产	用库存原材料、零部件调节生产
	维修、保养	采用强制的或预防修理保养制度	采用预防修理保养制度	关键设备采用计划维修制,一般设备可采用事故维修
	生产周期	短	较短	长
	劳动生产率	高	较高	低
	成本	低	中	高
	生产适应性	差	较差	强

机械制造业设备布置的基本形式一般如图 11-6 所示，按产品在制造过程中的位置是否变化分为产品移动式和产品固定式两大类。产品移动式布置又可分为产品原则布置、工艺原则布置及成组原则布置三种形式。

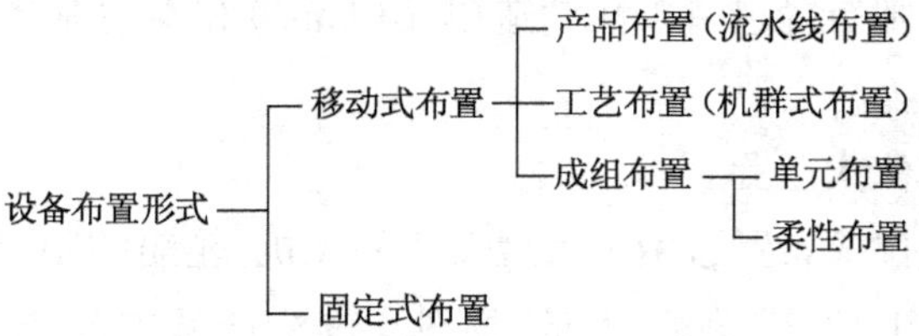

图 11-6 设备布置基本形式

每一种设备布置形式各有特点，分别适应不同的生产类型：

（1）产品原则布置。

产品原则布置也称为流水线布置或对象原则布置。当产品品种很少而生产数量又很大时，应按产品的加工工艺过程顺序配置设备，形成流水生产线，这是大量生产中典型的设备布置方式。由于产品原则布置是按产品的加工、装配工艺过程顺序配置各道工序所需设备、人员及物料，因此，能最大限度地满足固定品种产品的生产过程对空间和时间的客观要求，生产效率非常高，单件产品生产成本低，但生产适应性及柔性差，适用于少品种大量生产。

（2）工艺原则布置。

工艺原则布置也称为机群式布置。这种布置形式的特点就是把同种类型的设备和人员集中布置在一个地方，如车床工段、铣床工段、刨床工段及磨床工段，就是分别把车床、铣床、刨床和磨床集中布置在一个地方。这种布置方式便于调整设备和人员，容易适应产品的变化，生产系统的柔性大大增加。但是，当工件需要多种设备进行加工时，就不得不往返于各工序之间，增加了产品搬运次数与搬运距离，常常带来物料交叉搬运与逆向流动的问题。这种布置形式通常适用于单件生产。

（3）成组原则布置。

成组原则布置又称为混合原则布置。在产品品种较多、每种产品的产量又是中等程度的情况下，将工件按其外形与加工工艺的相似性进行编码分组，同组零件用相近的工艺过程进行加工。同时，将设备成组布置，即把使用频率高的机器群按工艺过程顺序组合布置成成组制造单元，整个生产系统由数个成组制造单元构成。这种布置方式既有流水线的生产效率，又有机群式布置的柔性，可以提高设备开动率、减少物流量及加工时间。成组原则布置适用于多品种、中小批量的生产类型。

现代成组原则布置包括柔性制造单元（FMC）和柔性制造系统（FMS）两种方式。

（4）固定工位式布置。

产品固定工位式布置适用于大型设备如飞机、轮船的制造过程。产品固定在一个固定位置上，所需设备、人员、物料均围绕产品布置，这种布置方式在一般场合很少应用。

综上所述，产品品种的多少、产量的高低直接决定了设备布置的形式，图 11-7 直观反映了产品-产量与设备布置形式的关系。因此，只有对产品-产量关系进行深入分析，才能产生恰当的设备布置方式。

随着社会的进步，社会需求正向着多样化发展。因而，工厂的生产类型也趋向多品种、中小批量方向发展，只生产单一品种产品的工厂不再具有竞争力。对于一个工厂来说，不同产品的生产也不是均衡的，往往 30% 的产品品种占去 70% 产量，而 30% 的产量却分散在 70% 的产品品种中。准确地把握产品-产量的关系是工厂布置的基础。

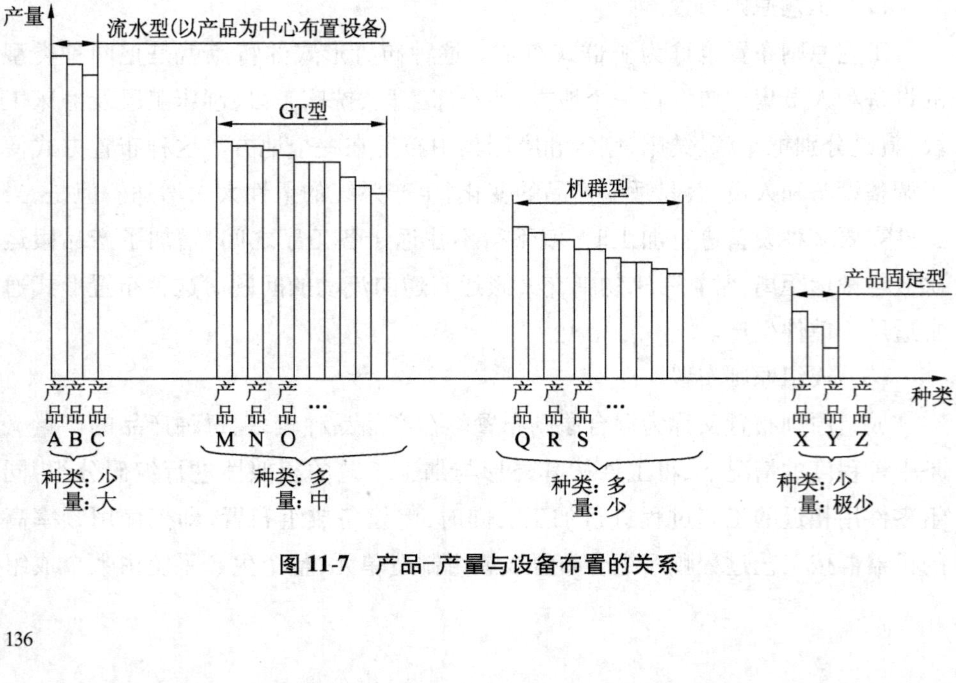

图 11-7　产品-产量与设备布置的关系

一般情况下，产品-产量分析分为两个步骤，即① 将各种产品、材料或有关生产项目分组归类；② 统计或计算每一组或类的产品的数量。需要说明的是，产量的计算单位应该反映出生产过程的重复性，如件数、重量或体积等。

在产品-产量分析过程中，根据产品是零件、单一设备还是多种产品，分别采用表 11-2、表 11-3 或表 11-4 来统计产品品种与产量。然后，将产品-产量 的关系绘制成 P-Q 曲线，如图 11-8 所示。绘制曲线时，所有产品均按产量递减顺序排列。

表 11-2 零件—数量分析表

<table>
<tr><td colspan="6" rowspan="2">工厂名称：</td><td colspan="2">共 页</td></tr>
<tr><td colspan="2">第 页</td></tr>
<tr><td colspan="5">产品信息</td><td colspan="3">生产计划</td></tr>
<tr><td colspan="3">产品名称与说明</td><td colspan="2"></td><td>本年度产量</td><td colspan="2"></td></tr>
<tr><td colspan="4">成品状态（易碎、易变形、危险品）</td><td></td><td>预计明年产量</td><td colspan="2"></td></tr>
<tr><td>单位</td><td colspan="2"></td><td>单件重量</td><td></td><td>预计 5 年内总产量</td><td colspan="2"></td></tr>
<tr><td colspan="3">形状尺寸</td><td colspan="2"></td><td colspan="3" rowspan="5">资料来源：

备注：</td></tr>
<tr><td rowspan="3">毛坯</td><td colspan="2">制作方式</td><td colspan="2"></td></tr>
<tr><td colspan="2">单件重量</td><td colspan="2"></td></tr>
<tr><td colspan="2">形状尺寸</td><td colspan="2"></td></tr>
<tr><td colspan="2">零件容器</td><td colspan="3">毛坯：　　　成品：</td></tr>
<tr><td colspan="2">编制（日期）</td><td colspan="2">审核（日期）</td><td colspan="3"></td><td></td></tr>
<tr><td colspan="2"></td><td colspan="2"></td><td colspan="3"></td><td></td></tr>
</table>

表 11-3　单一产品-数量分析表

工厂名称：						共　页
						第　页
产品信息				生产计划		
产品名称与说明				本年度产量		
成品状态(易碎、易变形、危险品)				预计明年产量		
单位		单件重量		预计 5 年内总产量		
形状尺寸				资料来源：		
产品包装						
主要部件						
序号	部件名称	代　号	材　料	状　态	形状尺寸	单位重量
编制(日期)	审核(日期)					

表 11-4　多种产品-数量分析表

工厂名称：											共　页
											第　页
产品序号	生产名称	规格型号	成品状态	形状尺寸	单位重量	计划产量					
						本年		明年		今后 5 年	
						产量	比率	产量	比率	产量	比率
编制(日期)	审核(日期)										

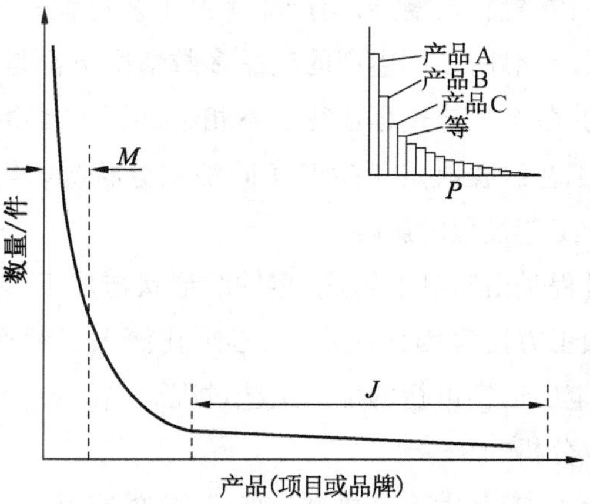

图 11-8 P-Q 曲线

在图 11-8 中,M 区的产品适用于采用大量生产类型;J 区属于单件小批生产类型;介于 M 区与 J 区之间的产品生产类型为成批生产。

对于不同类型的产品,生产类型的划分是有区别的,表 11-5 列出了不同类型产品生产类型分类数据,可供实际工作中参考。

表 11-5 生产类型划分

产品类型	年产量/件				
	大量生产	成批生产			单件生产
		大批	中批	小批	
重型零件	>1 000	300 ~1 000	100 ~300	5 ~100	<5
中型零件	>5 000	500 ~5 000	200 ~500	10 ~200	<10
轻型零件	>50 000	5 000 ~50 000	500 ~5 000	100 ~500	<100

通过 P-Q 曲线或查阅表 11-5 ,得出工厂生产的每件产品应采取的生产类型,进而决定设备布置方式。

2. 工艺过程 R 分析

如前所示,不同生产类型应采取不同的设备布置形式。对于大量生产,多采用专业设备及专用工装,按工艺过程顺序排列设备,形成高效的流水生产线;对于单件小批生产,设备按其类型及功能集中布置,以获得良好的适应性,工厂生产车间的划分也是在此基础上实现的;对于成批生产,特别是按成组方式组织生产的情况,设备布置相当复杂,与产品生产工艺过程——零部件加工、装配工艺过程密切相关。此外,工厂生产的产品多数情况下都是经网络状的多个工艺过程制造出来的,各个工艺过程往往互不相干,因此,常由不同的生产车间来完成。也就是说,工艺过程决定了生产车间的划分状况,其他辅助服务部门的设置也大多受生产工艺过程的影响。

产品的工艺过程是由产品的组成、零件的形状与加工精度要求、装配要求、现有加工设备与加工方法等因素决定的,必须在深入了解产品组成、各部分加工要求后,才能制定出切实可行的加工工艺过程。

(1) 产品组成分析。

在机械制造业中,产品大多是机械设备,这样的产品组成是很复杂的,一般由多个零部件构成一个产品,因此,产品生产的工艺过程也是因其组成不同而千变万化。

对于每一种产品,都应由产品装配图出发,按加工、装配过程的相反顺序,对产品进行分解。完整的产品可以按其功能结构分解成数个部件(或组件),每个部(组)件又是由多个零件组合而成;有些零件可能需要自制,而另外一些零件甚至部件可能直接外购,只有需要自制的零部件才需要编制加工、装配工艺过程。

以某厂生产的电瓶叉车为例,来说明产品组成的分析过程。如图 11-9 所示为叉车外形简图,叉车的构成可以用图 11-10 表示。为了以后分析方便,在这里给出了叉车各个组成部分的重量。

图 11-9　电瓶叉车

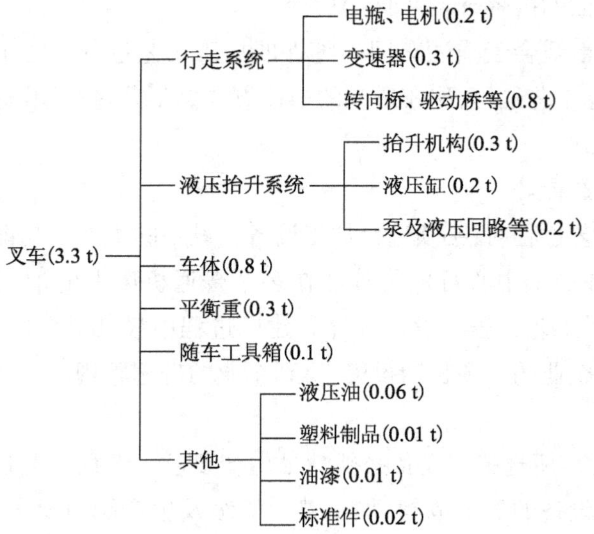

图 11-10 叉车的构成

经过产品组成分析,得到零件明细表,见表 11-6。表中包括零件名称、代号、件数、图号、自制或外购等内容。如果工厂生产类型为多品种成批生产,为能方便地编制成组工艺过程,还应采用类似表 11-7 所示格式,根据零件外形、尺寸的相似性及加工工艺的相似性,对不同产品的零件进行分组归类。

(2) 工艺过程设计。

产品的工艺过程与产品的类型密切相关,不同产品及工艺过程存在着极大差别,因此,工艺过程的设计需要由专业技术人员来完成。以机械制造业为例,一种产品由不同的零部件组成,不同种类的零件加工工艺过程又不相同。如轴类零件的加工通常采用锻—车—制齿—磨齿的工艺过程;箱体类零件一般采用锻造或焊接—铣或刨—镗孔等加工工序。在各类零件加工过程中,还需要适时安排时效处理、热处理及检验等工序。一般情况下,零件的加工工艺过程需要考虑零件类型、适用场合、尺寸大小、形位公差、尺寸精度、表面粗糙度要求等因素,以及现有可行的加工设备与加工方法。

制定出工艺过程后,需填写工艺路线卡,也称工艺过程卡(表),见表 11-8,其中需要注明每道工序名称、设备、标准作业时间及计算产量等。

对于每一个需要自制的零件都需要编制上述的工艺过程卡,对于采用成组技术的同组零件,采用同一种典型综合工艺过程来派生出各自的工艺过程,关于成组技术方面的内容,请参阅有关资料。

工艺过程卡适合于描述车间内零件的加工工艺过程。对于全厂内整个产品的加工、装配工艺过程,比较适合的描述方法是工艺过程图,这部分的内容将在本章后面讲到。

(3) 设备选择。

在制定工艺过程时,必须选择加工设备。设备的类型及功能对工艺过程有很大的影响,如加工中心可以将分散在多个普通机床上的加工工序集中在一起,大大简化了工艺过程。设备选择是建厂过程中极其重要的一个组成部分,而且设备又是企业的一项长期投资,受到企业的普遍重视。设备选择应考虑以下因素:

① 可行性。所选择的设备必须满足生产要求。根据工艺过程设计可以确定出工厂所需设备的加工范围、加工精度等级及生产能力要求,这些都是设备选择的基本要求。在满足这些基本要求的前提下,适当考虑生产发展的需要选定设备型号及规格。

② 经济性。在满足生产需要的前提下,经济性是设备选择的一个重要要素,应在考虑技术发展趋势下,以较低资金投入购买一定性能的设备,以减少设备投资。

③ 可维护性。企业所使用的设备应具有较低的故障率,一旦出了故障,应能尽快发现故障原因,并进行维修。另外,设备的生产厂家应能提供完善的技术服务。

设备类型确定后,应按下式计算所需设备数量,即

$$设备数量=\frac{计划产量}{负荷率\times成品率\times(1-故障率)\times\dfrac{工作时间}{单件时间}}$$

上式中,计划产量为计划周期内计划产量,如件/班或件/日等;单件工时为设备生产一件工件所需时间;工作时间是计划周期内开机时间。考虑负荷率、成品率及故障率后计算出所需设备数量。当所有设备选择完成后,应采用类似表11-9格式进行汇总,整理出设备类型、名称、型号及规格、占地面积、台数等。

表 11-6 零件明细表

<table>
<tr><td colspan="10">工厂名称：</td><td>共 页</td></tr>
<tr><td>产品名称</td><td colspan="2"></td><td colspan="2">产品代号</td><td colspan="2"></td><td colspan="2">计划年产量</td><td></td><td>第 页</td></tr>
<tr><td>序号</td><td>零件名称</td><td>零件代号</td><td>自制</td><td>外购</td><td>材料</td><td>总计划需求量</td><td>零件图号</td><td>外形尺寸</td><td>单件重量</td><td>说明</td></tr>
<tr><td></td><td></td><td></td><td></td><td></td><td></td><td></td><td></td><td></td><td></td><td></td></tr>
<tr><td></td><td></td><td></td><td></td><td></td><td></td><td></td><td></td><td></td><td></td><td></td></tr>
<tr><td></td><td></td><td></td><td></td><td></td><td></td><td></td><td></td><td></td><td></td><td></td></tr>
<tr><td></td><td></td><td></td><td></td><td></td><td></td><td></td><td></td><td></td><td></td><td></td></tr>
<tr><td colspan="2">编制(日期)</td><td colspan="2">审核(日期)</td><td colspan="2"></td><td colspan="2"></td><td colspan="3"></td></tr>
<tr><td colspan="2"></td><td colspan="2"></td><td colspan="2"></td><td colspan="2"></td><td colspan="3"></td></tr>
</table>

表 11-7 零件分组表

<table>
<tr><td colspan="8">工厂名称：</td><td>共 页</td></tr>
<tr><td>组名</td><td></td><td colspan="2">组号</td><td></td><td colspan="2">主要生产车间</td><td></td><td>第 页</td></tr>
<tr><td>序号</td><td>零件名称</td><td>零件代号</td><td>材料</td><td>总计划需求量</td><td>零件图号</td><td>形状尺寸</td><td>最高加工精度</td><td>说明</td></tr>
<tr><td></td><td></td><td></td><td></td><td></td><td></td><td></td><td></td><td></td></tr>
<tr><td></td><td></td><td></td><td></td><td></td><td></td><td></td><td></td><td></td></tr>
<tr><td></td><td></td><td></td><td></td><td></td><td></td><td></td><td></td><td></td></tr>
<tr><td></td><td></td><td></td><td></td><td></td><td></td><td></td><td></td><td></td></tr>
<tr><td></td><td></td><td></td><td></td><td></td><td></td><td></td><td></td><td></td></tr>
<tr><td colspan="2">编制(日期)</td><td colspan="2">审核(日期)</td><td colspan="2"></td><td colspan="2"></td><td></td></tr>
<tr><td colspan="2"></td><td colspan="2"></td><td colspan="2"></td><td colspan="2"></td><td></td></tr>
</table>

表 11-8　机械加工过程卡(表)

<table>
<tr><td>厂名</td><td rowspan="4">机械加工过程卡片</td><td colspan="2">产品名称及类型</td><td></td><td colspan="2">零件名称</td><td></td><td colspan="3">零件图号</td><td colspan="2"></td></tr>
<tr><td rowspan="3"></td><td rowspan="3">材料</td><td>名称</td><td></td><td rowspan="2">毛坯</td><td>类型</td><td></td><td rowspan="2">零件重量单位</td><td>净重</td><td></td><td colspan="2">共　页</td></tr>
<tr><td>牌号</td><td></td><td>尺寸</td><td></td><td>净重</td><td></td><td colspan="2">第　页</td></tr>
<tr><td>性能</td><td></td><td colspan="2">每料件数</td><td></td><td colspan="2">每台件数</td><td></td><td colspan="2">每件批数</td></tr>
<tr><td rowspan="2">工序号</td><td colspan="3" rowspan="2">工序内容</td><td rowspan="2">加工车间</td><td colspan="2" rowspan="2">设备名称及类型</td><td colspan="3">工艺装备名称及编号</td><td rowspan="2">工人技术等级</td><td colspan="2">时间定额/min</td></tr>
<tr><td>夹具</td><td>刀具</td><td>量具</td><td>件</td><td>准备－终结</td></tr>
<tr><td></td><td></td><td></td><td></td><td></td><td colspan="2"></td><td colspan="2"></td><td></td><td></td><td></td><td></td></tr>
<tr><td></td><td></td><td></td><td></td><td></td><td colspan="2"></td><td colspan="2"></td><td></td><td></td><td></td><td></td></tr>
<tr><td rowspan="3">更改内容</td><td colspan="12"></td></tr>
<tr><td colspan="12"></td></tr>
<tr><td colspan="12"></td></tr>
<tr><td colspan="2">编制</td><td></td><td>抄写</td><td></td><td>校对</td><td colspan="2"></td><td>审核</td><td></td><td>批准</td><td colspan="2"></td></tr>
</table>

表 11-9　设备明细表

<table>
<tr><td colspan="8" rowspan="2">部门名称：
主要产品：①____________ ②____________ ③____________
④____________ ⑤____________ ⑥____________</td><td>共　页</td></tr>
<tr><td>第　页</td></tr>
<tr><td rowspan="2">序号</td><td rowspan="2">设备名称</td><td rowspan="2">设备型号及规格</td><td colspan="3">外形尺寸/m</td><td rowspan="2">占地面积/m²</td><td rowspan="2">台数</td><td rowspan="2">生产厂家</td></tr>
<tr><td>长度</td><td>宽度</td><td>高度</td></tr>
<tr><td></td><td></td><td></td><td colspan="3"></td><td></td><td></td><td></td></tr>
<tr><td></td><td></td><td></td><td colspan="3"></td><td></td><td></td><td></td></tr>
<tr><td></td><td></td><td></td><td colspan="3"></td><td></td><td></td><td></td></tr>
<tr><td></td><td></td><td></td><td colspan="3"></td><td></td><td></td><td></td></tr>
<tr><td></td><td></td><td></td><td colspan="3"></td><td></td><td></td><td></td></tr>
<tr><td></td><td></td><td></td><td colspan="3"></td><td></td><td></td><td></td></tr>
<tr><td colspan="2">编制(日期)</td><td>审核(日期)</td><td colspan="3"></td><td colspan="2"></td><td></td></tr>
<tr><td colspan="2"></td><td></td><td colspan="3"></td><td colspan="2"></td><td></td></tr>
</table>

3. 作业单位的划分

任何一个企业都是由多个生产车间、职能管理部门、仓储部门及其他辅助服务部门组成的,通常把企业的各级组成部分统称为作业单位。每一个作业单位又可以细分为更小一级的作业单位(或称为作业单元),如生产车间可以细分成数个工段,每个工段又是由多个加工中心或生产单元构成,那么生产单元又是更小一级的作业单位。在进行工厂总平面布置时,作业单位是指车间、科室一级的部门。

一个好的企业应该有一个良好的组织结构,每个作业单位承担着明确的任务,作业单位之间既相互独立又相互联系,共同为企业整体利益服务。

(1) 生产车间。

生产车间是生产部门,直接承担着企业的加工、装配生产任务,是将原材料转化产品的部门。生产车间是企业的基本组成部分。

一般来说,根据产品的制造工艺过程的各个阶段划分生产车间。例如,机械制造厂往往设置备料车间、机加工车间和总装车间。有的还把机加工车间按工件种类及加工工艺流程的相似性分解成某些零件加工车间,如箱体车间、轴加工车间、齿轮加工车间等。这些车间分别承担某一类零件加工任务,这些零件一般可以采用相似的工艺及相同的设备进行加工。装配车间可以分为部件装配和总装两个部分,负责把零、部件组装成产品。此外,根据生产性质的不同,可将热处理、铸造、锻造、焊接等热加工部门独立划分为热处理车间、铸造车间、锻造车间和焊接车间。

采用 SLP 法进行工厂总平面布置时,需估算出每个作业单位的占地面积。对于生产车间来说,明确了工艺过程后,可采用表 11-10,考虑表中各项因素估算出占地面积。

表 11-10　生产单位占地面积计算表

部门名称： 主要产品：①________ ②________ ③________ ④________ ⑤________ ⑥________										共　页 第　页
设备						工作人数	临时存放面积	工作活动空间	面积合计	说明
名称	单台占地面积	台数	生产能力	利用率	总占地面积					
合计										
总计										
编制(日期)	审核(日期)									

（2）仓储面积。

仓储部门包括原材料仓库、标准件和外购件库、半成品中间仓库及成品库等,是企业连续生产的保证。由于库存不但占用企业的空间,而且更重要的是占用企业大量流动资金,因此,现代企业生产都把减小库存作为经营管理追求的目标。

仓储部门的占地面积与物品存储量及存储方式有关,需考虑表 11-11 中的各项因素估算仓储部门占地面积。

表 11-11　仓储单位占地面积计算表

仓储名称： 主要产品：①________ ②________ ③________ ④________ ⑤________ ⑥________										共　页 第　页
储放物品名称	容器	包装数量	容器占用空间	最高存储量	可用时间	放置层数	需要面积	高度	保留面积	说明
编制(日期)	审核(日期)									

（3）辅助服务部门。

辅助服务部门一般可以分为辅助生产部门（如工具、生产车间）、生活服务部门（如食堂）及其他服务部门（如车库、传达室等）。

辅助生产部门承担专用公装、夹具的制造与维修任务，生产不定型，因此，一般采用机群式设备布置方式，其占地面积的估算方法与一般生产车间类似。生活服务部门也称为后勤服务部门，其占地面积大小取决于使用人数的多少及设备占地空间的大小，可以利用表 11-12 计算。

表 11-12 后勤部门占地面积计算表

<table>
<tr><td colspan="8" rowspan="2">后勤名称：
主要产品：①__________ ②__________ ③__________
④__________ ⑤__________ ⑥__________</td><td>共 页</td></tr>
<tr><td>第 页</td></tr>
<tr><td rowspan="2">用途</td><td colspan="4">使用设备情况</td><td rowspan="2">容纳使用人数</td><td rowspan="2">活动空间面积</td><td rowspan="2">空间高度要求</td><td rowspan="2">说明</td></tr>
<tr><td>设备名称</td><td>数量</td><td>单台面积</td><td>总面积</td></tr>
<tr><td></td><td></td><td></td><td></td><td></td><td></td><td></td><td></td><td></td></tr>
<tr><td></td><td></td><td></td><td></td><td></td><td></td><td></td><td></td><td></td></tr>
<tr><td></td><td></td><td></td><td></td><td></td><td></td><td></td><td></td><td></td></tr>
<tr><td></td><td></td><td></td><td></td><td></td><td></td><td></td><td></td><td></td></tr>
<tr><td colspan="2">编制（日期）</td><td colspan="2">审核（日期）</td><td colspan="2"></td><td></td><td colspan="2"></td></tr>
<tr><td colspan="2"></td><td colspan="2"></td><td colspan="2"></td><td></td><td colspan="2"></td></tr>
</table>

其他服务部门可参考上述表格计算占地面积。

（4）职能管理部门。

职能管理部门包括生产、技术、质检、人事、供销等部门，负责生产协调与控制等工作。对于大、中型企业，职能管理机构通常是非常庞大的。在工厂布置设计过程中，必须给各职能部门的办公室安排出合理的占地面积，一般考虑办公室人员多少、办公用具，如写字台、文件柜等因素，估算出办公室占地面积大小，参见表 11-13。

表 11-13　办公室占地面积计算表

<table>
<tr><td colspan="8" rowspan="2">科室名称：
主要产品：①________ ②________ ③________
④________ ⑤________ ⑥________</td><td>共　页</td></tr>
<tr><td>第　页</td></tr>
<tr><td rowspan="2">部门名称</td><td rowspan="2">在编人员数量</td><td colspan="4">使用设备情况</td><td rowspan="2">人员活动面积</td><td rowspan="2">保留空间面积</td><td rowspan="2">说明</td></tr>
<tr><td>设备名称</td><td>数量</td><td>单台面积</td><td>总面积</td></tr>
<tr><td></td><td></td><td></td><td></td><td></td><td></td><td></td><td></td><td></td></tr>
<tr><td></td><td></td><td></td><td></td><td></td><td></td><td></td><td></td><td></td></tr>
<tr><td></td><td></td><td></td><td></td><td></td><td></td><td></td><td></td><td></td></tr>
<tr><td></td><td></td><td></td><td></td><td></td><td></td><td></td><td></td><td></td></tr>
<tr><td></td><td></td><td></td><td></td><td></td><td></td><td></td><td></td><td></td></tr>
<tr><td colspan="2">编制（日期）</td><td>审核（日期）</td><td colspan="2"></td><td colspan="2"></td><td colspan="2"></td></tr>
<tr><td colspan="2"></td><td></td><td colspan="2"></td><td colspan="2"></td><td colspan="2"></td></tr>
</table>

工厂的办公室一般都集中安排在同一个多层办公室楼内，这样有利于减小占地面积且方便人员联系。

四、物流分析

（一）概述

据资料统计分析，产品制造费用的 20% ~50% 是用作物料搬运的，而物料搬运工作量直接与工厂布置有关，有效的布置大约能减少搬运费用的 30% 左右。工厂布置的优劣不仅直接影响着整个生产系统的运转，而且通过对物料搬运成本的影响，成为决定产品生产成本高低的关键因素之一。也就是说，在满足生产工艺流程的前提下，减少物料搬运工作量是工厂布置设计中最为重要的目标之一。因此，在实现工厂布置之前必须就生产系统各作业单位之间的物流状态做出深入的分析。

（二）物流分析内容与方法

物流分析包括确定物料在生产过程中每个必要的工序之间移动的最有效顺序及其移动的强度与数量。一个有效的工艺流程是指物料在工艺过程内按顺序一直不断地向前移动直至完成，中间没有过多的迂回或倒流。

当物料移动是工艺过程的主要部分时，物流分析就是工厂布置设计的核心问题。

针对不同的生产类型，应采用不同的物流分析方法。

1. 工艺过程图

在大批量生产中，产品品种很少，用标准符号绘制的工艺过程图直观地反映出工厂生产的详细情况，此时，进行物流分析只需在工艺过程图上注明各道工序之间的物流量，就可以清楚地表现出工厂生产过程中的物料搬运情况。另外，对于某些规模较小的工厂，不论产量如何，只要产品比较单一，就可以用工艺过程图进行物流分析。

2. 多种产品工艺过程表

在多品种且批量较大的情况下，如产品品种为10种左右，将各产品的生产工艺流程汇总在一张表上，就形成了多种产品工艺过程表。在这张表上将各产品工艺路线并列绘出，就可以反映出各个产品的物流途径。

3. 成组方法

当产品品种达到数十种时，若生产类型为中、小批量生产，进行物流分析时，就有必要采用成组方法，按产品结构与工艺过程的相似性进行归类分组，然后对每一类产品采用工艺过程图进行物流分析；或者采用多种产品工艺过程表表示各组产品的生产工艺过程，再作进一步的物流分析。

4. 从至表

当产品品种很多、产量很小，且零件、物料数量又很大时，可以用一张方阵图表来表示各作业单位之间的物料移动方向和物流量。表中，方阵的行表示物料移动的源，称之为从；列表示物料移动的目的地，称之为至；行列交叉点标明由源到目的地的物流量，这就是从至表，从中可以看出各作业单位之间的物流状况。

如上所述，不同的分析方法应用于不同的生产类型，其目的是为了工作方便，在物流分析时，应根据具体情况选择恰当的分析方法。

（三）物流强度

根据前面的定义，物流分析包括确定物料移动的顺序和移动量两个方面。如果通过工艺流程分析能够正确地确定各工序和作业单位之间的相互关系（前后顺序），那么各条路线上的物料移动量就是反映工序或作业单位之间相互密切程度的基本衡量标准。我们把一定时间周期内的物料移动量称为物料强度。对于相似的物料,可以用重量、体积、托盘或货箱作为计量单位。当比较不同性质的物料搬运状况时,各物料的物流强度大小应酌情考虑物料搬运的困难程度。

(四)工艺过程图

任何物料在其加工过程中进行移动时,有五种基本形态。

(1)操作。处于形成、处理、装配、拆卸等操作过程中。

(2)运输。处于移动或运输过程中。

(3)检验。处于计数、试验、校验或检验中。

(4)停滞。等待其他操作完成。

(5)储存。处于储存中。

用一些标准的符号直观地表示物料在加工过程中的移动状态,就形成工艺过程图。表示物料形态的基本符号见表 11-14。

表 11-14　物料形态表示符号

符号	行动类别	主要结果
○	操作	生产或完成
⇨	运输	移动
□	检验	鉴定
D	停滞	干扰
▽	储存	保存

为了表示物料在移动过程中各工序间相互关系及物流量,应按图 11-11 绘制工艺流程图。

工艺流程图可以用来详细说明产品生产过程中各工序之间的关系,也可以用来描述全场各部门之间的工艺流程。在描述全厂各部门之间产品工艺流程时,用操作符号表示加工与装配等生产车间;用储存符号表示仓储部门;用检验符号表示检验、试车部门。

以生产叉车(见图 11-9)的总装厂为例,工厂占地面积为 120 000 m^2,厂区东西长约 500 m,南北宽约 280 m,年产各种叉车 3 000 台。该厂主要设置见表 11-15 的作业单位,分别负责完成重要零部件的加工及总装工作,主要包括:变速器的加工与组装、抬升液压缸的加工、随车工具的制作、车身的加工及叉车总装等工作。其他如转向桥、驱动桥、液压回路及平衡重,由协作厂负责制造,并存放在标准件及半成品库中。

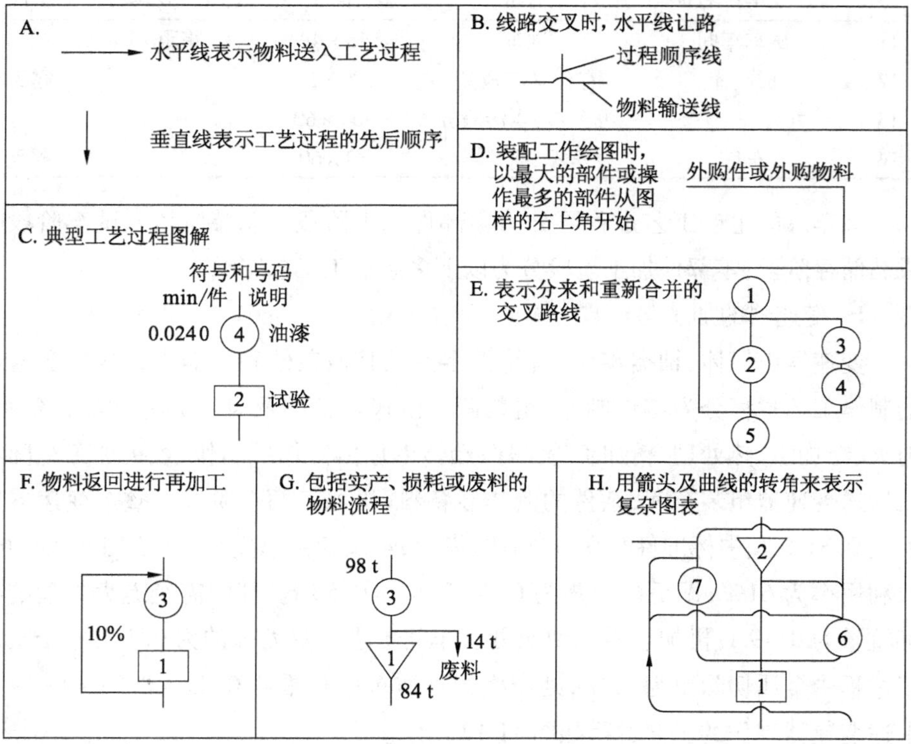

图 11-11 工艺流程图

表 11-15 作业单位建筑物汇总表

序号	作业单位名称	用途	建筑面积/m^2	结构形式/m	备注
1	原材料库	存储原材料	72×36	跨距 12	
2	油料库	存储油漆、油料	36×36	跨距 12	
3	标准、外购件物	存储标准件、半成品	48×36	跨距 12	
4	机加工车间	零件切削加工	72×36	跨距 18	
5	热处理车间	零件热处理	90×30	跨距 30	
6	焊接车间	车身焊接	90×30	跨距 30	
7	变速器车间	变速器组装	72×36	跨距 18	
8	总装车间	总装	180×96	跨距 24	
9	工具车间	随车工具箱制造	60×24	跨距 12	
10	油漆车间	车身喷漆	48×30	跨距 30	

续表

序号	作业单位名称	用途	建筑面积/m^2	结构形式/m	备注
11	试车车间	试车	48×48	跨距24	
12	成品库	存储叉车成品	100×50		露天
13	办公、服务楼	办公室、生活服务	300×60		
14	车库	车库、停车场	80×60		露天

叉车总的生产工艺过程可分为零部件加工阶段—总装阶段—试车阶段—成品储存阶段;零部件加工阶段分为以下多条加工工艺路线。

1. 变速器的加工与组装

变速器由箱体、轴类零件、齿轮类零件及其他杂件和标准件组成。变速器的制作工艺过程分为零件制作、组装两个阶段。轴类及齿轮类零件经过备料、退火、粗加工、热处理、精加工等工序;箱体毛坯由协作厂制作,经机加工车间加工后送变速器组装车间;杂件的制作经备料、机加工两个阶段。整个变速器成品重0.31 t,其中标准件0.01 t,箱体、齿轮、轴及杂件总重0.3 t,加工过程中金属利用率为61%,即毛坯总重为0.30/0.61≈0.50 t。其中需经退火处理的毛坯重量为0.19 t;机加工需返回热处理车间再进行热处理的为0.1 t;整个机加工过程中金属切除率为39%,则产生的铁屑等废料重约0.49×0.39≈0.19 t。上述变速器制作的工艺过程如图11-12所示。

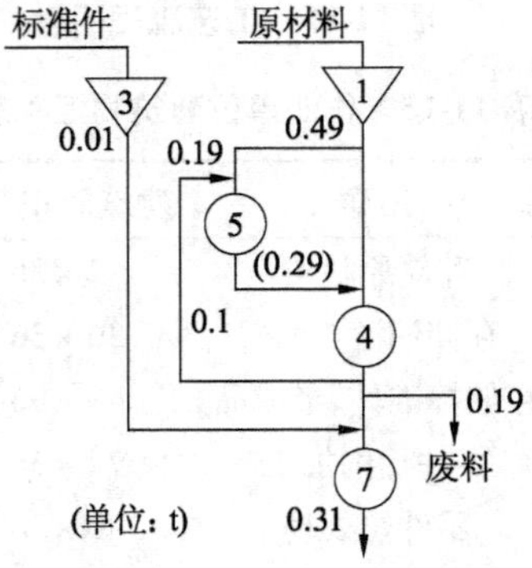

图11-12　变速器工艺过程

2. 随车工具箱的加工

随车工具箱共重0.1 t,其中一部分经备料、退火、粗加工、热处理、精加工等工艺流程完成加工,而另一部分只进行简单的冲压加工即可。随车工具箱的加工工艺过程如图 11-13 所示。

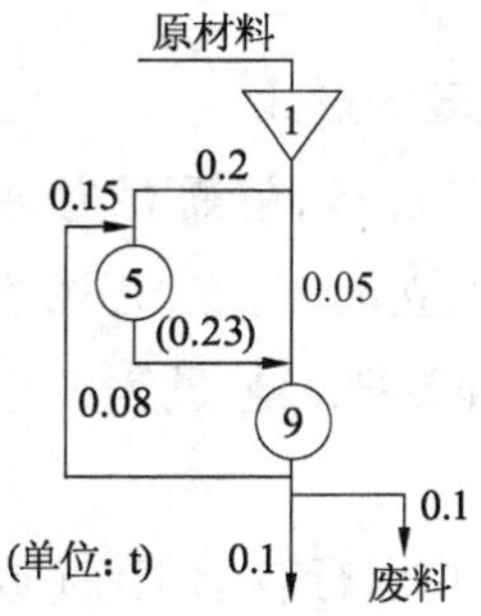

图 11-13 随车工具箱加工工艺过程

3．车体加工

车体为焊接件，经备料、焊接、喷漆完成加工。车体工艺过程如图 11-14 所示。

4．液压缸加工

液压缸经备料、退火、粗加工、热处理、精加工等工序完成加工，其工艺过程如图 11-15 所示。

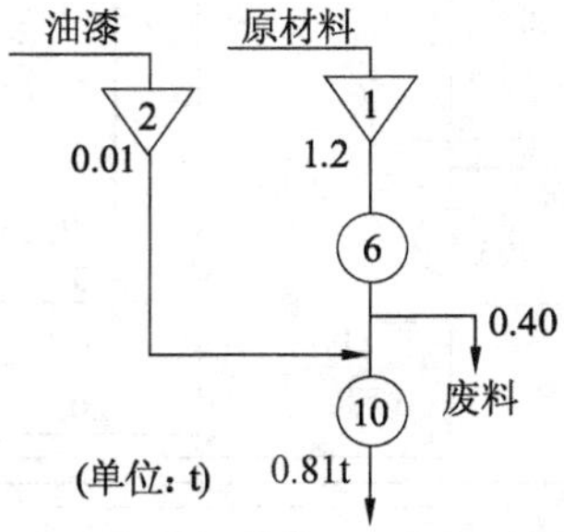

图 11-14 车体工艺过程

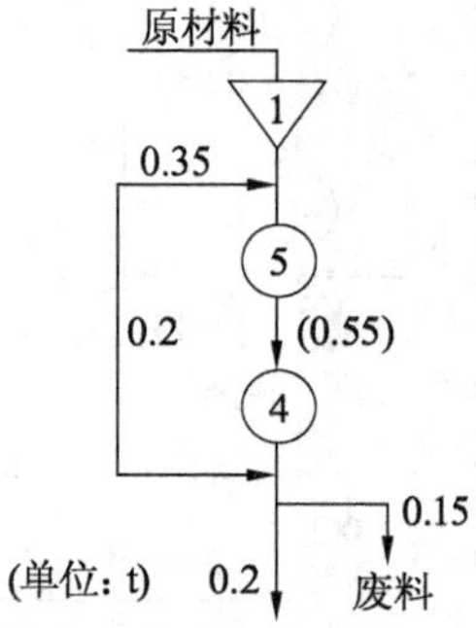

图 11-15 液压缸工艺过程

将上述机加工阶段与总装、试车、成品储存阶段工艺过程图绘制在一起，就得到了叉车总装厂全厂工艺过程，如图 11-16 所示。该图清楚地表示出叉车生产的全过程及各作业单位之间的物流情况，为进一步进行深入的物流分析奠定了基础。

需要说明的是，若要计算全年的物流量，图 11-16 中的各数据还需乘上全年叉车总量。

五、 多种产品工艺过程表

（一）多种产品工艺过程表的形式

为了表示所有产品的生产过程，就需要为每一种产品绘制一份工艺过程图，但是当产品较多时，各自独立的工艺过程图难以用来研究各种产品生产过程之间的相关部分，这时就需要把工艺过程图汇总成表 11-16 的多种工艺过程表。

在多种产品工艺过程表中，用行表示工序（或作业单位）；用列表示某种产品的工艺过程。设 i 为行序号，则 $i=1,2,\cdots,l$，设 A_i 为第 i 道工序或第 i 个作业单位；设 j 为列序号，则 $j=1,2,\cdots,m$，设 P_j 为第 j 种产品，又设 R_{jk} 为产品 P_j 第 k 道工序，则有某一个 i，使得

$$R_{jk}=A_i \qquad k=1,2,\cdots,n_j$$

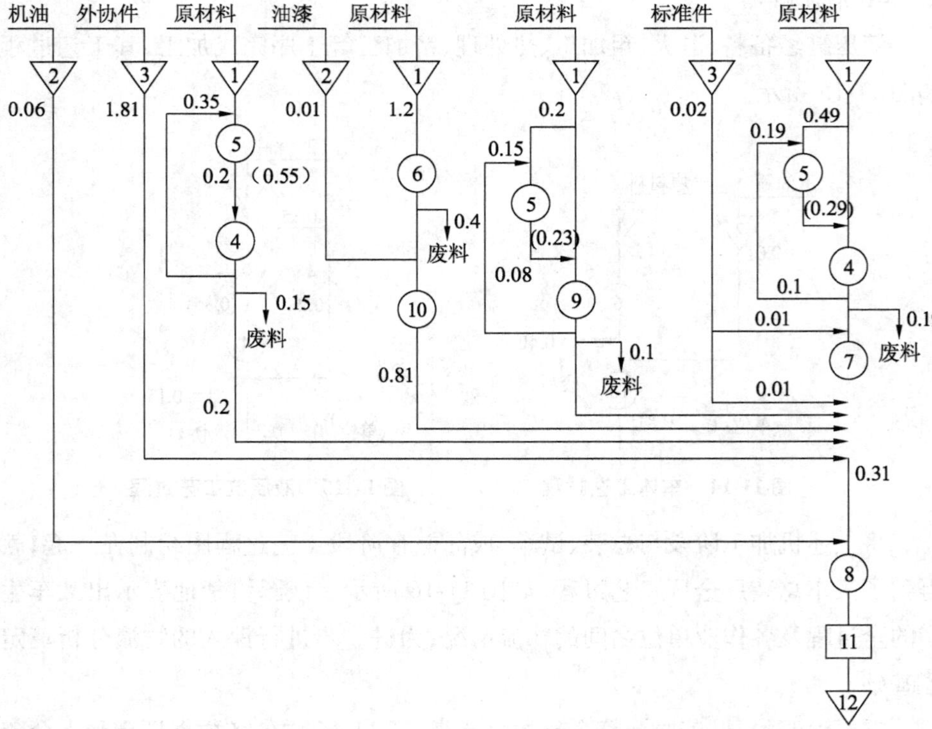

图 11-16 叉车生产工艺过程图

即 P_j 的第 k 道工序是工序 A_i，那么，在多种产品工艺过程表中，第 i 行、第 j 列的交点应注明 k，并用箭线将同一种产品的多道工序联系起来，沿着箭线的指向，由第一道工序开始到最后一道工序为止，形成该产品的工艺流程。

对于某一产品 P_j，若其任意相邻两道工序分别为 R_{jk} 和 R_{jk+1}，且有

$$R_{jk} = A_{i1} \quad R_{jk+1} = A_{i2}$$

式中，i_1，i_2 分别为多种产品工艺过程表中可能的两个工序（作业单位）序号，则有如下几种情况：

（1）若 $i_2 = i_1 + 1$，即产品 P_j 的两道相邻工序 R_{jk} 和 R_{jk+1} 为多种产品工艺过程表中的相邻两行工序；也就是说，R_{jk} 和 R_{jk+1} 由多种产品工艺过程表中两个相邻作业单位顺序完成，此时称工序 R_{jk} 直接正向进入下道工序 R_{jk+1}，且由 R_{jk} 到 R_{jk+1} 的物料移动为直接正向移动。这是一种最理想的情况，用权值 $D_{jk} = +2$ 表示。

（2）若 $i_2 > i_1 + 1$，即 R_{jk} 与 R_{jk+1} 在多种产品工艺过程表中不相邻，且 R_{jk+1} 在 R_{jk} 之后，此时称工序 R_{jk} 旁路正向进入下道工序 R_{jk+1}，且由 R_{jk} 到 R_{jk+1} 的物料移动为旁路正向移动。这是一种较理想的情况，用权值 $D_{jk} = +1$ 表示。

（3）若 $i_2 = i_1 - 1$，即 R_{jk+1} 在多种产品工艺过程表中位于 R_{jk} 前一行，则称工序 R_{jk} 原路回退进入下道工序 R_{jk+1}，且由 R_{jk} 到 R_{jk+1} 发生物料原路倒流现象。这是一种不理想的情况，用权值 $D_{jk} = -1$ 表示。

（4）若 $i_2 < i_1 - 1$，即 R_{jk+1} 在多种产品工艺过程表中位于 R_{jk} 前数行，则称工序 R_{jk} 旁路回退进入下道工序 R_{jk+1}，且由 R_{jk} 到 R_{jk+1} 发生物料旁路倒流现象。这是一种最不理想的情况，用权值 $D_{jk} = -2$ 表示。

如果在多种产品工艺过程表中作业单位顺序排列合理，使表中各产品倒流物流强度最小，就可以按表中顺序布置作业单位，即得到一种理想的作业单位布置方案。因此，应通过交换多种产品工艺过程表中各作业单位之间的顺序，尽可能减小倒流物流强度及减少物流倒流情况。

设 W_{jk} 为产品 P_j 的工序 R_{jk} 与 R_{jk+1} 之间的物流强度，D_{jk} 为其物流方向加权值，则多种产品工艺过程表中物流顺流程度 W 可用下式计算，即

$$W = \sum_{j=1}^{m} \sum_{k=1}^{n_j-1} D_{jk} W_{jk}$$

式中，$j = 1, 2, \cdots m$，为产品序号；$k = 1, 2, \cdots, n_{j-1}$，为工序序号；$n_j$ 为 P_j 的工序

总数。

通过交换多种产品工艺过程图中的工序（作业单位）顺序，可以使 W 取得最大值，即 $W = W_{max}$，则说明此时多种产品工艺过程表物流顺流程度最大，物流倒流最小，工序（作业单位）排列为最佳顺序。由此可以看出，求解作业单位之间的排列顺序是一个最优化过程。

（二）作业单位最佳顺序的求解

作业单位最佳顺序的求解可以应用线性规划等数学方法来实现，也可以采取人工近似求解作业单位的最佳顺序。

(1) 按照各产品的物流强度大小顺序，在多种产品工艺过程表中由左到右排列产品工艺过程，即最左边的产品物流强度最大，由左向右物流强度递减。对于零件加工生产来说，可以用生产周期内产量与零件重量的乘积作为产品的物流强度。

(2) 从各产品的工艺过程图中选出下道工序，若为第一道工序，则将最左边产品的第一道工序安排为多种产品工艺过程表中第一道工序行（作业单位）；否则，按同名工序将产品分组，计算各组产品由上道工序到该道工序的物流强度之和，然后按物流强度之和的大小顺序，由大到小依次在多种产品工艺过程表中设置新的工序（作业单位）。若该工序（作业单位）已存在，则不重复设置，此时，凡经过该工序（作业单位）的产品就会出现物流倒流现象。

(3) 重复步骤(2)，直至所有产品工艺过程均已结束。

(4) 调整工序顺序，得到最佳顺序。针对物流原路倒流与旁路倒流情况，通过交换出现倒流情况的两道工序顺序，比较交换前后物流倒流程度 W 的大小。若 W 增加，则保留交换后工序顺序，否则不做交换。经过多次交换就可以得到较佳的工序（作业单位）顺序。

（三）多种产品工艺过程表的建立

以某一小型机加工车间为例，阐述多种产品工艺过程表的建立过程。该车间主要生产 4 种零件，其重量、班计划产量及工艺流程见表 11-16。

表 11-16 多种产品工艺过程表实例

零件名称	凸轮	法兰盘	轴	弹簧套
重量/kg	15.0	6.0	3.0	1.0
计划班产量/件	10	20	60	6
工艺流程	1. 锯床下料 2. 车床车外圆、内孔 3. 立铣铣外形 4. 热处理 5. 内圆磨磨内孔 6. 外圆磨磨圆弧 7. 检验	1. 锯床下料 2. 车床车外圆、内孔 3. 钻床钻孔 4. 立铣铣边 5. 检验	1. 钻床钻顶尖孔 2. 车床车外圆 3. 卧铣铣键槽 4. 热处理 5. 外圆磨磨外圆 6. 检验	1. 车床车外圆、内孔 2. 钻床钻孔 3. 卧铣铣槽 4. 热处理 5. 外圆磨磨外圆 6. 内圆磨磨内孔 7. 检验

由表中可知,4 种零件工艺过程共经过 9 个工位,包括车床、卧铣、立铣、钻床、热处理、内圆磨床、外圆磨床、锯床及检验,该车间的多种产品工艺过程表中共有上述 9 个工序行(作业单位)。

(1) 计算各产品的物流强度。轴为 180 kg/班,凸轮为 150 kg/班,法兰盘为 120 kg/班,弹簧套为 6 kg/班。物流强度大小顺序为轴、凸轮、法兰盘和弹簧套。

(2) 找出各零件的第 1 道工序,分别为钻床、锯床、锯床、车床。按物流强度大小顺序,排列出工序为钻床、锯床和车床。

(3) 取第 2 道工序,分别为车床、车床、车床和钻床。因为这些工序均已出现在多种产品工艺过程表中,则不再重复。

(4) 取第 3 道工序,分别为卧铣、立铣、钻床、卧铣。分成卧铣组,包括轴及弹簧套;立铣组只有凸轮一种零件;钻床组只有法兰盘一种零件。各组物流强度分别是:卧铣组为 180 + 6 = 186 kg、立铣组为 150 kg、钻床组为 120 kg,按大小优先排列卧铣,而后排列立铣,最后排列钻床。因钻床已经出现,则不再重复。

(5) 取第 4 道工序,分别为热处理、热处理、立铣、热处理。分为热处理组及立铣组,物流强度分别是 180 + 150 + 6 = 336 kg 和 120 kg,优先排列热处理,而后排列立铣。因立铣已排列,则不再重复。

(6) 取第 5 道工序,分别为外圆磨、内圆磨、检验和外圆磨。分成外圆磨组、内圆磨组和检验组,物流强度分别为 180 + 6 = 186 kg,150 kg 和 120 kg。按大小优先排列外圆磨，而后是内圆磨，最后是检验。

(7) 取后面各道工序，因均已出现，则不再重复。

至此，已得到初始多种产品工艺过程表，见表 11-17。考虑各产品的工序之间的物流状况，取得不同的加权值。经过求和，求出表 11-17 的物流顺流程度 W 为 2 436 kg。

(8) 尝试交换存在物流倒流情况的工序顺序，如选择工序 1 和 3、7 和 8 交换顺序。经计算知，不能增大物流顺序程度；尝试交换工序 1 和 2 的先后顺序，计算出物流顺流程度 $W=2\ 472$ kg。

(9) 经过进一步试探，发现物流顺序程度不再增加，则得到了最佳顺序的多种产品工艺过程表，见表 11-18。

表 11-17　初始多种产品工艺过程表　　单位：kg

工序		轴		凸轮		法兰盘		弹簧套	
序号	名称	流程	D_{jk}	流程	D_{jk}	流程	D_{jk}	流程	D_{jk}
1	钻床	①	1			③	1	②	1
2	锯床			①	2	①	2		
3	车床	②	2	②	1	②	-2	①	-2
4	卧铣	③	1					③	1
5	立铣			③	2	④	1		
6	热处理	④	2	④	1			④	2
7	外圆磨	⑤	1	⑥	1			⑤	2
8	内圆磨			⑤	-1			⑥	2
9	检验	⑥		⑦		⑤		⑦	
$\sum_{k=1}^{n_j-1} D_{jk}W_{jk}$		7×180 = 1 260		6×150 = 900		2×120 = 240		6×6 = 36	
W		2 436							

表 11-18 最佳顺序多种产品工艺过程表 单位:kg

工序		轴		凸轮		法兰盘		弹簧套	
序号	名称	流程	D_{jk}	流程	D_{jk}	流程	D_{jk}	流程	D_{jk}
1	锯床			①	1	①	1		
2	钻床	①	2			③	1	②	1
3	车床	②	2	②	1	②	−1	①	−1
4	卧铣	③	1					③	1
5	立铣			③	2	④	1		
6	热处理	④	2	④	1			④	2
7	外圆磨	⑤	1	⑥	1			⑤	2
8	内圆磨			⑤	−1			⑥	2
9	检验	⑥		⑦		⑤		⑦	
$\sum_{k=1}^{n_j-1} D_{jk}W_{jk}$		8 × 180 = 1 440		5 × 150 = 750		2 × 120 = 240		7 × 6 = 42	
W		2 472							

(四) 从至表

当研究的产品、零件或物料品种数量非常多时,用从至表研究物流状况非常方便,见表 11-19。

从至表是一个方阵表格,以一定顺序按行排列物料移动的起始作业单位(工序),以相同顺序按列排列物料移动的终止作业单位(工序),行、列相交的方格中记录从起始作业单位到终止作业单位的各种物料搬运量的总和,有时也可同时注明物料种类代号。

当物料沿着作业单位排列顺序正向移动时,即没有倒流物流时,从至表中只有上三角方阵有数据,这是一种理想状态。当存在物流倒流现象时,倒流物流量出现在从至表中的下三角方阵中,此时,从至表中任何两个作业单位之间的总物流量(物流强度)等于正向物流量与逆向(倒流)物流量两者之和。

表 11-19　从至表　　　　单位：t

生产部门：杂件车间	共 1 页
主要产品：① 轴　② 拨叉　③ 套筒 ④ 盘　⑤ ____　⑥ ____	第 1 页

作业单位或工序（从）＼ 作业单位或工序（至）		序号 名称	1 毛坯库	2 铣床	3 车床	4 钻床	5 镗床	6 磨床	7 冲床	8 内圆磨床	9 锯床	10 检验台				合计
序号	名称															
1	毛坯库			2	8		1		4		2					17
2	铣床				1	2		1			1	1				6
3	车床			3		6		1				3				13
4	钻床				1				2	1		4				8
5	镗床				1											1
6	磨床				1							2				3
7	冲床											6				6
8	内圆磨床											1				1
9	锯床			1	1			1								3
10	检验台															
合计			0	6	13	8	1	3	6	1	3	17				58

编制（日期）	审核（日期）			

（五）物流分析与物流相关表

综上所述，P-Q关系决定了所采用的初步物流分析的形式：当产品品种很少且产量很多时，应采用工艺过程图进行物流分析；随着产品品种的增加，可以利用多种产品工艺过程表或从至表来统计具体物流量大小。在采用SLP法进行工厂布置时，不必涉及各作业单位对之间具体的物流强度，而是通过划分等级的方法研究物流状况。在此基础上，引入物流相关表，以简洁明了的形式表示工厂总体物流状况。

1. 物流强度等级

由于直接分析大量物流数据比较困难，而且无必要，SLP中将物流强度转化成5个等级，分别用符号A，E，I，O，U表示，其物流强度逐渐减小，对应着超高物流强度、特高物流强度、较大物流强度、一般物流强度和可忽略搬运5种物流状况。作业单位对或称为物流路线的物流强度等级，应按物流路线比例或承担的物流量比例来确定，可参考表11-20来划分。

表11-20 物流强度等级划分表

物流强度等级	符号	物流路线比例/%	承担物流量比例/%
超高物流强度	A	10	40
特高物流强度	E	20	30
较大物流强度	I	30	20
一般物流强度	O	40	10
可忽略搬运	U		

针对前述叉车总装厂的实例，讨论物流强度等级划分的具体步骤。首先根据工艺过程图11-16，利用表11-21来统计存在物料搬运的各作业单位对之间的物流量，应注意必须采用统一的计量单位来统计物流强度。然后将表11-21中各作业单位对按物流强度大小排序，绘制成表11-22所表示物流强度分析表，进行物流分析，划分出物流强度等级。表11-21和表11-22中未出现的作业单位对不存在固定的物流，因此物流强度等级定为U级。

表 11-21　物流强度汇总表

序号	作业单位对(路线)	物流强度	序号	作业单位对(路线)	物流强度	序号	作业单位对(路线)	物流强度
1	1－4	0.30		——			——	
2	1－5	0.69		——			——	
3	1－6	1.20		——			——	
4	2－10	0.01		——			——	
5	2－11	0.06		——			——	
6	3－7	0.01		——			——	
7	3－8	1.82		——			——	
8	4－5	1.14		——			——	
9	4－7	0.30		——			——	
10	4－8	0.20		——			——	
11	5－9	0.31		——			——	
12	6－10	0.80		——			——	
13	7－8	0.31		——			——	
14	8－9	0.10		——			——	
15	8－10	0.81		——			——	
16	8－11	3.24		——			——	
17	8－12	3.30		——			——	
	——			——			——	
	——			——			——	
	——			——			——	

表 11-22 物流强度分析表

序号	作业单位对（路线）	物流强度 1 2 3 4 5	物流强度等级
1	11—12		A
2	8—11		A
3	3—8		E
4	1—6		E
5	4—5		E
6	8—10		E
7	6—10		E
8	1—5		E
9	5—9		I
10	7—8		I
11	1—4		I
12	4—7		I
13	4—8		O
14	8—9		O
15	2—11		O
16	2—10		O
17	3—7		O

2．物流相关表

为了能够简单明了地表示所有作业单位之间物流的相互关系，仿照从至表结构构造一种作业单位之间物流相互关系的表，称之为原始物流相关的表，见表11-23。

表 11-23　原始物流相关表

作业单位序号	作业单位序号	1	2	3	4	5	6	7	8	9	10	11	12	13	14
	作业单位名称	原材料	油料库	标准、外购件库	机加工车间	热处理车间	焊接车间	变速器车间	总装车间	工具车间	油漆车间	试车车间	成品库	办公服务楼	车库
1	原材料库		U	U	I	E	E	U	U	U	U	U	U	U	U
2	油料库	U		U	U	U	U	U	U	U	O	O	U	U	U
3	标准、外购件库	U	U		U	U	U	O	E	U	U	U	U	U	U
4	机加工车间	I	U	U		E	U	I	O	U	U	U	U	U	U
5	热处理车间	E	U	U	E		U	U	U	I	U	U	U	U	U
6	焊接车间	E	U	U	U	U		U	U	U	E	U	U	U	U
7	变速器车间	U	U	O	I	U	U		I	U	U	U	U	U	U
8	总装车间	U	U	E	O	U	U	I		O	E	A	U	U	U
9	工具车间	U	U	U	U	I	U	U	O		U	U	U	U	U
10	油漆车间	U	O	U	U	U	E	U	E	U		U	U	U	U
11	试车车间	U	O	U	U	U	U	U	A	U	U		A	U	U
12	成品库	U	U	U	U	U	U	U	U	U	U	A		U	U
13	办公服务楼	U	U	U	U	U	U	U	U	U	U	U	U		U
14	车库	U	U	U	U	U	U	U	U	U	U	U	U	U	

在表中不区分物料移动的起始与终止作业单位，在行与列的相交方格中填入行作业单位与列作业单位间的物流强度等级。因为行作业单位与列作业单位排列顺序相同，所以得到的是右上三角矩阵表格与左下三角矩阵表格对称的方阵表格，舍掉多余的左下三角矩阵表格，将右上三角矩阵变形，就得到了 SLP 中著名的物流相关表，见表 11-24。

进行工厂布置时，物流相关表中物流强度等级高的作业单位之间的距离应尽量减小，即互相接近。

表 11-24 作业单位物流相关表

序号	作业单位名称	2	3	4	5	6	7	8	9	10	11	12	13	14
1	原材料库	U	U	I	E	E	U	U	U	U	U	U	U	U
2	油料库		U	U	U	U	U	U	U	O	O	U	U	U
3	标准、外购件库			U	U	U	O	E	U	U	U	U	U	U
4	机加工车间				E	U	I	O	U	U	U	U	U	U
5	热处理车间					U	U	U	I	U	U	U	U	U
6	焊接车间						U	U	U	E	U	U	U	U
7	变速器车间							I	U	U	U	U	U	U
8	总装车间								O	E	A	U	U	U
9	工具车间									U	U	U	U	U
10	油漆车间										U	U	U	U
11	试车车间											A	U	U
12	成品库												U	U
13	办公服务楼													U
14	车库													

六、 作业单位相互关系分析

当物流状况对企业的生产有重大影响时,物流分析就是工厂布置的重要依据。但是,也不能忽视非物流因素的影响,尤其是当物流对生产影响不大或没有固定的物流时,工厂布置就不能依赖于物流分析,而应当考虑其他因素对各作业单位间相互关系的影响。

(一) 作业单位相互关系的决定因素及相互关系等级的划分

在 SLP 中,产品 P,产量 Q,工艺过程 R,辅助服务部门 S 及时间安排 T 是影响工厂布置的基本要素;P、Q 和 R 是物流分析的基础;P、Q 和 S 则是作业单位相互关系分析的基础。同时,T 对物流分析与作业单位相互关系分析都有影响。

作业单位间相互关系的影响因素与企业的性质有很大关系,不同的企业,作业单位的设置是不一样的,作业单位间相互关系的影响因素也是不一样的。作业单位相互关系密切程度的典型影响因素,一般可以考虑:① 物流;② 工作流程;③ 作业性质相似;④ 使用相同的设备;⑤ 使用同一场地;⑥ 使用相同的文件档案;⑦ 使用相同的公用设施;⑧ 使用同一组人员;⑨ 工作联系频繁程度;⑩ 监督和管理方便;⑪ 噪声、振动、烟尘、易燃易爆危险品的影响;⑫ 服务的频繁和紧急程度等方面。

据 R. Muther 在 SLP 中建议,每个项目中重点考虑的因素不应超过 10 个。

确定了作业单位相互关系密切程度的影响因素以后,就可以给出各作业单位间关系密切程度等级,在 SLP 中作业单位间相互关系密切程度等级划分为 A,E,I,O,U,X;其含义及参考比例见表 11-25。

表 11-25 作业单位相互关系等级

符号	含义	说明	比例/%
A	绝对重要		2 ~ 5
E	特别重要		3 ~ 10
I	重要		5 ~ 15
O	一般密切程度		10 ~ 25
U	不重要		45 ~ 80
X	负的密切程度	不希望接近	酌情而定

(二)作业单位相互关系表

作业单位相互关系密切程度的评价,可以由布置设计人员根据物流计算、个人经验,或与有关作业单位负责人讨论后进行判断;也可以把相互关系统计表格发给作业单位负责人填写;或由有关负责人开会讨论决定,由布置设计人员记录汇总。作业单位相互关系分析的结果,最后要经主管人员批准。

在评价作业单位相互关系时,首先应制定出一套“基准相互关系”,其他作业单位之间的相互关系,通过对照“基准相互关系”来确定。表 11-26 给出的基准相互关系可供实际工作中参考。

表 11-26 基准相互关系

字母	一对作业单位	密切程度的理由
A	钢材库和剪切区域	搬运物料的数量 类似的搬运问题
	最后检查和包装	损坏没有包装的物品 包装完毕以前检查单不明确
	清理和油漆	使用相同人员,公用设施,管理方式,形式相同的建筑物
E	接待和参观者停车处	方便,安全
	金属精加工和焊接	搬运物料的数量和形状
	维修和部件装配	服务的频繁和紧急程度

续表

字母	一对作业单位	密切程度的理由
I	剪切区和冲压机 部件装配和总装配 保管室和财会部门	搬运物料的数量 搬运物料的体积,共用相同的人员 报表运送,安全,方便
O	维修和接收 废品回收和工具室 收发室和厂办公室	产品的运送 共用相同的设备 联系频繁程度
U	维修和自助食堂 焊接和外接购件仓库 技术部门和发运	辅助服务不重要 接触不多 不常联系
X	焊接和油漆 焚化路和主要办公室 冲压车间和工具车间	灰尘,火灾 烟尘,臭味,灰尘 外观,震动

确定了各作业单位相互关系密切程度后,利用与物流相关表相同的表格形式,建立作业单位相互关系表。表中的每一个菱形框格填入相应的两个作业单位之间的相互关系密切程度等级,上半部用密切程度等级符号标志密切程度;下半部用数字表示确定密切程度等级的理由。

针对前述叉车总装厂,选择如表 11-27 所示作业单位相互关系影响因素。在此基础上建立如表 11-28 所示非物流的各作业单位相互关系表。

表 11-27 叉车总厂作业单位间相互关系密集理由

密码	理由
1	工作流程的连续性
2	生产服务
3	物料搬运
4	管理方便
5	安全及污染
6	公用设备及辅助动力源
7	振动
8	人员联系

表 11-28　非物流作业单位相互关系表

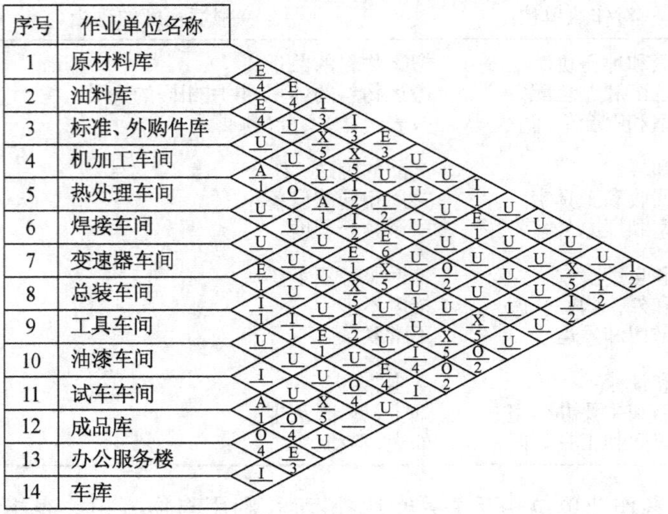

（三）作业单位综合相互关系表

1．作业单位综合相互关系表建立步骤

在大多数工厂中，各作业单位之间既有物流联系也有非物流联系，两作业单位之间的相互关系应包括物流关系与非物流关系，因此，在 SLP 中，要将作业单位间物流的相互关系与非物流的相互关系进行合并，求出合成的相互关系——综合相互关系，然后从各作业单位间的综合相互关系出发，实现各作业单位的合理布置。一般，按照下列步骤求得作业单位综合相互关系表。

（1）进行物流分析，求得作业单位物流相关表。

（2）确定作业单位间非物流相互关系影响因素及等级，求得作业单位相互关系表。

（3）确定物流与非物流相互关系的相对重要性。一般来说，物流与非物流相互关系的相对重要性比值 $m:n$ 应为 1 : 3 ~ 3 : 1。当比值小于 1 : 3 时，说明物流对生产的影响非常小，工厂布置时只需考虑非物流的相互关系；当比值大于 3 : 1 时，说明物流关系占主导地位，工厂布置时只需考虑物流相互关系的影响。实际工作中，根据物流与非物流相互关系的相对重要性，取 $m:n=3:1,2:1,1:1,1:2,1:3$。$m:n$ 又称为加权值。

（4）量化物流强度等级和非物流的密切程度等级。一般，取 $A=4,E=3,I=2,O=1,U=0,X=-1$。

（5）计算量化的作业单位综合相互关系。设任意两个作业单位分别为 A_i，A_j，其物流相互关系等级为 MR_{ij}，非物流的相互关系密切程度等级为 NR_{ij}，则作业单位 A_i 与 A_j 之间的综合相互关系密切程度：

$$TR_{ij} = mMR_{ij} + nNR_{ij}$$

（6）综合相互关系等级划分。TR_{ij}是一个量值，需要经过等级划分，才能建立与物流相关表相似的、符号化的作业单位综合相互关系表。综合相互关系的等级划分为 A，E，I，O，U，X，各级别 TR_{ij}值逐渐递减，且各级别的作业单位对数应符合一定的比例，表 11-29 给出了综合相互关系等级及划分的一般比例。

需要说明的是，将物流与非物流相互关系进行合并时，应注意 X 级关系密级的处理，任何一级物流密级与 X 级非物流关系密级合并时，不应超过 O 级。对于某些极不希望靠近的作业单位之间的相互关系，可以定为 XX 级。

（7）经过调整，建立综合相关系数表。

2．实例

下面仍以叉车总厂为例，说明如何建立作业单位综合相互关系表。

由表 11-24 与表 11-28 给出的叉车总装厂作业单位之间物流相互关系与非物流相互关系并不一致，为了确定各作业单位之间综合相互关系密切程度，需要将两表进行合并。其过程如下。

（1）加权值选取。加权值大小反映工厂布置时考虑因素的侧重点，对于叉车总厂来说，物流影响并不明显大于其他因素的影响，因此，取加权值 $m : n = 1 : 1$。

（2）综合相互关系计算。根据各作业单位对之间物流与非物流关系等级的高低进行量化，并加权求和，求出综合相互关系，详见表 11-29。

表 11-29 综合相互关系等级与划分比例

关系密集	符号	作业单位对比例
绝对必要靠近	A	1 ~ 3
特别重要靠近	E	2 ~ 5
重要	I	3 ~ 8
一般	O	5 ~ 15
不重要	U	20 ~ 85
不希望靠近	X	0 ~ 10

当作业单位数目为 N 时，总的作业单位对数可用下式计算，即

$$P = \frac{N(N-1)}{2}$$

对于上例，$N = 14$，则 $P = 91$。因此，表 11-30 中共有 91 个作业单位对，即 91 个相互关系。

表 11-30 作业单位之间综合相互关系计算表

作业单位对	关系密级				综合关系	
	物流关系 加权值：1		非物流关系 加权值：1			
	等级	分数	等级	分数	分数	等级
1-2	U	0	E	3	3	I
1-3	U	0	E	3	3	I
1-4	I	2	I	2	4	E
1-5	E	3	I	2	5	E
1-6	E	3	E	2	6	E
1-7	U	0	U	0	0	U
1-8	U	0	U	0	0	U
1-9	U	0	I	2	2	I
1-10	U	0	U	0	0	I
1-11	U	0	U	0	0	U
1-12	U	0	U	0	0	U
1-13	U	0	U	0	0	U
1-14	U	0	I	2	2	I
2-3	U	0	E	3	3	I
2-4	U	0	U	0	0	U
2-5	U	0	X	-1	-1	X
2-6	U	0	X	-1	-1	X
2-7	U	0	U	0	-0	U
2-8	U	0	U	0	0	U
2-9	U	0	U	0	0	U
2-10	O	1	E	3	4	E

续表

作业单位对	关系密级				综合关系	
	物流关系 加权值:1		非物流关系 加权值:1			
	等级	分数	等级	分数	分数	等级
2-11	O	1	U	0	1	O
2-12	U	0	U	0	0	U
2-13	U	0	X	-1	-1	X
2-14	U	0	I	2	2	I
3-4	U	0	U	0	0	U
3-5	U	0	U	0	0	U
3-6	U	0	U	0	0	U
3-7	O	1	I	2	3	I
3-8	E	3	I	2	5	E
3-9	U	0	U	0	0	U
3-10	U	0	U	0	0	U
3-11	U	0	U	0	0	U
3-12	U	0	U	0	0	U
3-13	U	0	U	0	0	U
3-14	U	0	I	2	2	I
4-5	E	3	A	4	7	A
4-6	U	0	O	1	1	O
4-7	I	2	A	4	6	E
4-8	O	1	I	2	3	I
4-9	U	0	E	3	3	I
4-10	U	0	U	0	0	U
4-11	U	0	O	1	1	O
4-12	U	0	U	0	0	U
4-13	U	0	I	2	2	I
4-14	U	0	U	0	0	U

续表

作业单位对	关系密级				综合关系	
	物流关系 加权值:1		非物流关系 加权值:1			
	等级	分数	等级	分数	分数	等级
5-6	U	0	U	0	0	U
5-7	U	0	U	0	0	U
5-8	U	0	U	0	0	U
5-9	I	2	E	3	5	E
5-10	U	0	X	-1	-1	X
5-11	U	0	U	0	0	U
5-12	U	0	U	0	0	U
5-13	U	0	X	-1	-1	X
5-14	U	0	U	0	0	U
6-7	U	0	U	0	0	U
6-8	U	0	U	0	0	U
6-9	U	0	U	0	0	U
6-10	E	3	X	-1	2	U
6-11	U	0	U	0	0	U
6-12	U	0	U	0	0	U
6-13	U	0	X	-1	-1	X
6-14	U	0	O	1	1	O
7-8	I	2	E	3	5	E
7-9	U	0	U	0	0	U
7-10	U	0	U	0	0	U
7-11	U	0	I	2	2	I
7-12	U	0	U	0	0	U
7-13	U	0	I	2	2	I
7-14	U	0	O	1	1	O
8-9	O	1	I	2	3	I

续表

作业单位对	关系密级				综合关系	
	物流关系 加权值:1		非物流关系 加权值:1			
	等级	分数	等级	分数	分数	等级
8 - 10	E	3	I	2	5	E
8 - 11	A	4	E	3	7	A
8 - 12	U	0	U	0	0	U
8 - 13	U	0	E	3	3	I
8 - 14	U	0	I	2	2	I
9 - 10	U	0	U	0	0	U
9 - 11	U	0	U	0	0	U
9 - 12	U	0	U	0	0	U
9 - 13	U	0	O	1	1	O
9 - 14	U	0	U	0	0	U
10 - 11	U	0	U	0	0	U
10 - 12	U	0	U	0	0	U
10 - 13	U	0	X	-1	-1	X
10 - 14	U	0	U	0	0	U
11 - 12	A	4	A	4	8	A
11 - 13	U	0	O	1	1	O
11 - 14	U	0	U	0	0	U
12 - 13	U	0	O	1	1	O
12 - 14	U	0	E	3	3	I
13 - 14	U	0	I	2	2	I

(2) 划分关系密级。在表 11-30 中,综合关系分表 11-31 综合相互关系密级等级划分数取值范围为 -1 ~ 8,按表 11-31 统计出各段分数段作业单位对的比例,参考表 11-29 划分综合关系密级。

表 11-31　综合相互关系密级等级划分

总分	关系密级	作业单位对数	百分比/%
7～8	A	3	3.3
4～6	E	9	9.9
2～3	I	18	19.8
1	O	8	8.8
0	U	46	50.5
-1	X	7	7.7
总计		91	100

应该注意，综合相互关系应该是合理的，表 11-30 中"U"所注作业单位 6 与 10 之间物流关系为 E 级，而非物流关系为 X 级，计算结果为 I 级，即出现了重要的关系密级，这显然是不合理的，表中最后调整为 U 级。

④ 建立作业单位综合相互关系表。将表 11-30 中的综合相互关系总分转化为关系密级等级，绘制成作业单位综合相互关系表，见表 11-32。

表 11-32　作业单位综合相互关系表

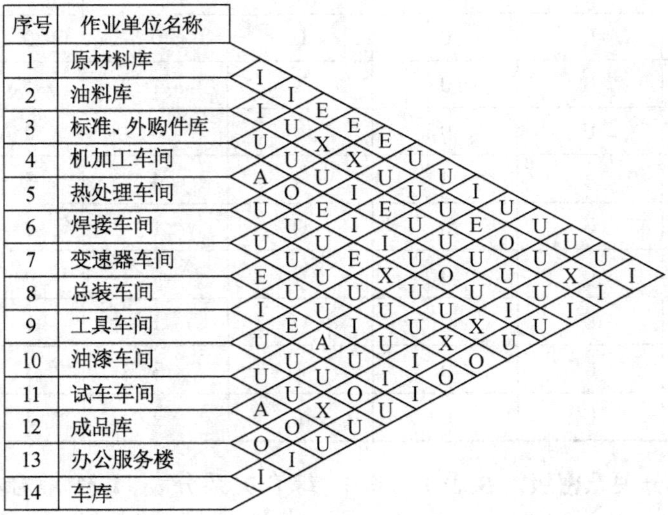

七、工厂总平面布置

（一）工厂总平面布置的一般步骤

工厂总平面布置就是对生产车间、管理部门、仓储部门、生产与生活服务部门的建筑物、道路和场地等，按照相互关系的密切程度做出合理的布局。采用SLP法进行工厂总平面布置的首要工作就是对各作业单位之间的相互关系做出分析，包括物流的和非物流的相互关系，经过综合，得到作业单位综合相互关系表。然后，根据综合相互关系表指示的各作业单位之间相互关系密切程度的高或低，决定各作业单位之间距离的近或远，并安排各作业单位的相互位置，绘制作业单位位置相关图。将各作业单位实际占地面积与作业单位位置相关图相结合，就形成了作业单位面积相关图。通过修正和调整，得到数个可行的布置设计方案，最后通过评价择优，选出某个设计方案作为工厂总平面布置图。

（二）作业单位位置相关图

在SLP中，工厂总平面布置并不直接去考虑各作业单位的占地面积的几何形状，而是从各作业单位间相互关系密切程度出发，安排各作业单位之间的相对位置，关系密级高的作业单位之间距离近，关系密级低的作业单位之间距离远，由此形成作业单位位置相关图。

当作业单位数量较多时，作业单位之间相互关系数目就非常多，一般为作业单位数量的平方量级，因此，即使只考虑A级关系，也有可能同时出现很多个，这就给如何入手绘制作业单位位置相关图造成了困难。为了解决这个问题，引入综合接近程度的概念。某一作业单位综合接近程度，等于该作业单位与其他所有作业单位之间量化后的关系密级的总和。这个值的高低，反映了该作业单位在布置图上是应该处于中心位置还是应该处于边缘位置。为了计算各作业单位的综合接近程度，把作业单位综合相互关系表变换成右上三角矩阵与左下三角矩阵表格对称的方阵表格，然后量化关系密级，并按行或列累加关系密级分数，其结果就是某一作业单位的综合接近程度。

叉车总装厂作业单位综合接近程度计算结果见表11-33。

综合接近程度分数越高，说明该作业单位越应该靠近布置图的中心；分数越低，说明该作业单位越应该处于布置图的边缘。因此，布置设计应当按综合接近程度分数高低顺序进行，即按综合接近程度分数高低顺序为作业单位排序，见表11-33。

在作业单位位置相关图中，采用号码表示作业单位，用如表11-34所示的符号来表示作业单位的工作性质与功能。作业单位之间的相互关系用相互之间的连线类型来表示，见表11-35。也可以利用表中推荐的颜色来表示作业单位的工作性质与关系密级，以使图形更直观。有时，为了绘图简便，往往采用○内标注号码来表示作业单位，而不严格区分作业单位性质；也可以用虚线来代替波折线表示 X 级关系密级。

绘制作业单位位置相关图的过程是一个逐步求精的过程，整个过程要条理清楚、系统性强，一般按下列步骤进行。

（1）从作业单位综合相互关系表出发，求出各作业单位的综合接近程度，并按其高低将作业单位排序。

（2）按图幅大小，选择单位距离长度，并规定，关系密级为 A 级的作业单位对之间距离为一个单位距离长度，E 级为两个单位距离长度，以此类推。

（3）从作业单位综合相互关系表中取出关系密级为 A 级的作业单位对，并将所涉及的作业单位按综合接近程度分数高低排序，得到作业单位序列 A_{k1}，A_{k2} …，A_{k_n}，其中，下标为综合接近程度排序序号，且有 $k_1 < k_2 < \cdots k_n$。

（4）将综合接近程度分数最高的作业单位 A_{k1} 布置在布置图的中心位置。

表 11-33　综合接近程度排序表

作业单位代号	1	2	3	4	5	6	7	8	9	10	11	12	13	14	15
1		I/2	I/2	E/3	E/3	E/3	U/O	U/O	I/2	U/O	U/O	U/O	U/O	I/2	—
2	I/2		I/2	U/O	X/−1	X/−1	U/O	U/O	U/O	E/3	O/1	U/O	X/−1	I/2	—
3	I/2	I/2		U/O	U/O	U/O	I/2	E/3	U/O	U/O	U/O	U/O	U/O	I/2	—
4	E/3	U/O	U/O		A/4	O/1	E/3	I/2	I/2	U/O	O/1	U/O	I/2	U/O	—
5	E/3	X/−1	U/O	A/4		U/O	U/O	U/O	E/3	X/−1	U/O	U/O	X/−1	U/O	—
6	E/3	X/−1	U/O	O/1	U/O		U/O	U/O	U/O	U/O	U/O	U/O	X	O/1	—
7	U/O	U/O	I/2	E/3	U/O	U/O		E/3	U/O	U/O	I/2	U/O	I/2	O/I	—
8	U/O	U/O	E/3	I/2	U/O	U/O	E/3		I/2	E/3	A/4	U/O	I/2	I/2	—
9	I/2	U/O	U/O	I/2	E/3	U/O	U/O	I/2		U/O	U/O	U/O	O/1	U/O	—
10	U/O	E/3	U/O	U/O	X	U/O	U/O	E/3	U/O		U/O	U/O	X/−1	U/O	—
11	U/O	0/I	U/O	O/1	U/O	U/O	I/2	A/4	U/O	U/O		A/4	O/1	U/O	—
12	U/O	U/O	U/O	U/O	U/O	U/O	U/O	U/O	U/O	U/O	A/4		O/1	I/2	—
13	U/O	X/−1	U/O	I/2	X/−1	X/−1	I/2	I/2	O/1	X	O/1	O/1		I/2	—
14	I/2	I/2	I/2	U/O	U/O	O/1	O/1	I/2	U/O	U/O	U/O	I/2	I/2		—
15	—	—	—	—	—	—	—	—	—	—	—	—	—	—	
综合接近程度	17	7	11	18	7	3	13	21	10	4	13	7	7	14	
排序	3	12	7	2	11	14	5	1	8	13	8	10	9	4	

表 11-34 作业单位工作性质符号

工艺过程图表符号及作用	说明作业单位及区域的扩充符号	颜色区别	黑白图纹
○ 操作	○ 成形或处理加工区	绿	
	○ 装配、部件装配拆卸	红	
⇨ 运输	⇨ 与运输有关的作业单位/区域	橘黄	
▽ 存储	▽ 储存作业单位/区域	橘黄	
D 停滞	D 停放或暂存区域	橘黄	
□ 检验	□ 检验、测试、检查区域	蓝	
	⌂ 服务及辅助作业单位/区域	蓝	
	⇧ 办公室或规划面积，建筑特征	棕（灰）	

表 11-35 关系密级表示方式

元音字母	系数值	线条数	密切程度等级	颜色规范
A	4	////	绝对必要	红
E	3	///	特别重要	橘黄
I	2	//	重要	绿
O	1	/	一般	蓝
U	0		不重要	不着色
X	-1		不希望	棕
XX	-2，-3，-4		极不希望	黑

（5）按 A_{k2}，$A_{k3}\cdots$，A_{kn}顺序依次把这些作业单位布置到图中。布置时，应随时检查待布置作业单位与图中已布置的作业单位之间的关系密级，选择适当位

置进行布置，出现矛盾时，应修改原有布置。用不同的连线类型表示图上各作业单位之间的关系密级。

(6) 按 A,E,I,O,U,X,XX 关系密级顺序，选择当前处理的关系密级 F。

(7) 从作业单位综合相互关系表中，取出当前处理的关系密级 F 涉及的作业单位队，并将所涉及的作业单位按综合接近程度分数高低排序，得到作业单位序列 $A_{k1},A_{k2},\cdots,A_{kn}$。

(8) 检查 $A_{k1},A_{k2},\cdots,A_{kn}$ 是否已在布置图中出现。若出现，则要进一步查看作业单位位置是否合理，若不合理，则需要修改原有布置，然后从序列中筛除已出现的作业单位，得到需要布置的作业单位序列 $A_{k1},A_{k2},\cdots,A_{kn}$。

(9) 按 A'_{k1}, A'_{k2}, A'_{k3}, $\cdots$, A'_{kn} 顺序依次把作业单位布置到图中。布置时，应随时检查待布置作业单位与图中已布置的作业单位之间的关系密级，选择适当的位置进行布置，出现矛盾时，应修改原有布置。注意用不同类型的连线表示图上各作业单位之间的关系密级。

(10) 若 F 为 XX，则布置完毕，得到了作业单位位置相关图，否则取 F 为下一个关系密级，重复步骤⑦~⑩。

在绘制作业单位位置相关图时，设计者一般要绘制 6 ~ 8 次图，每次不断增加作业单位和修改其布置，最后才能达到满意的布置。

具体对叉车总装厂来说，绘制作业单位位置相关图的步骤如下：

第一步，处理关系密级为 A 级的作业单位对。

(1) 从作业单位综合相互关系表中取出 A 级关系作业单位对，有 8-11，4-5，11-12，共涉及五个作业单位，按综合接近程度分数排序为 8，4，11，12，5。

(2) 将综合接近程度分数最高的作业单位 8 布置在位置相关图的中心位置。

(3) 处理作业单位对 8-11。将作业单位 11 布置到图中某一距离作业单位 8 为单位距离长度(如 10 mm)的位置上，如图 11-17 a 所示。

(4) 布置综合接近程度分数次高的作业单位 4 的位置。由于作业单位 4 与图上已有的作业单位 8 和 11 均非 A 级关系，则应从综合相互关系表中取出 4-8，4-11 的关系密级，结果分别为 I 级和 O 级，即作业单位 4 与 8 的距离应为 3 个单位距离长度，而作业单位 4 与 11 的距离应为 4 个单位距离长度，可选择如图 11-17 b 的位置布置作业单位 4。

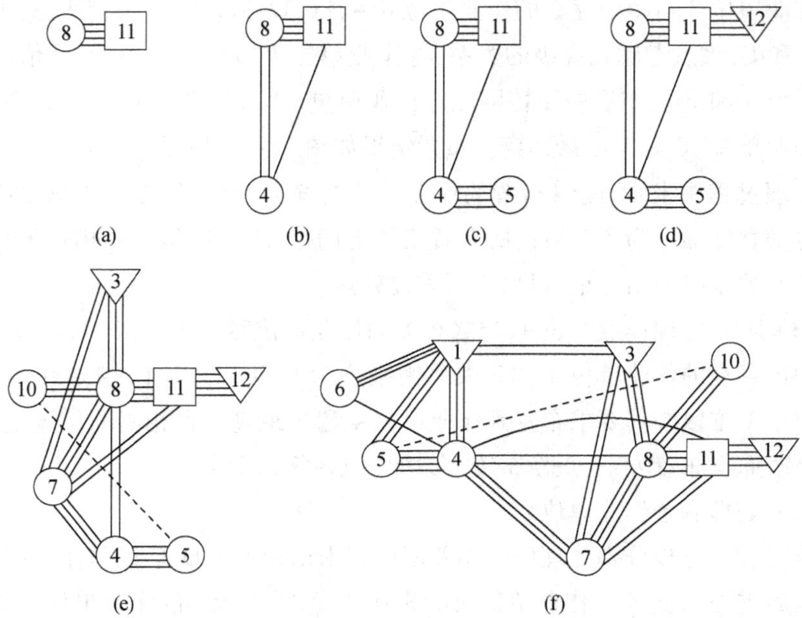

图 11-17 作业单位位置相关图绘制步骤

（5）处理与作业单位 4 有关的 A 级关系 4−5，从综合相互关系表中取出图中已存在的作业单位 8 和 11 与作业单位 5 的关系，均为 U 级。关系密级 U 为不重要的关系，则只重点考虑作业单位 4 和 5 的关系，将作业单位 5 布置到如图 11-17 c 所示的位置上。

（6）下一个要处理的作业单位为 11，已布置在图上，只需要直接处理与作业单位 11 关系为 A 级的作业单位 12 的位置。从综合相互关系表中取出作业单位 12 与 8，4，5 的关系密级，均为 U 级，综合考虑的结果将作业单位 12 布置在如图 11-17 d 所示的位置上。

至此，作业单位综合相互关系表中，具有 A 级关系的作业单位对之间的相对位置均已确定。

第二步，处理相互关系为 E 的作业单位对。

（1）从综合相互关系表中取出具有 E 级关系的作业单位对，有 1−4，1−5，1−6，2−10，3−8，4−7，5−9，7−8，8−10，涉及的作业单位按综合接近程度分数排序为 8，4，1，7，3，9，5，10，2，6。

（2）首先处理与作业单位 8 有关的作业单位 3，7 和 10，布置顺序为 7，3，10。

对于作业单位 7 与图中存在的作业单位 8,4,11,12 和 5 的关系密级分别为 E,E,I,U 和 U,重点考虑较高级的关系,将作业单位 7 布置到图中,而后依次布置作业单位 3 和 10。布置中要特别注意作业单位 10 与 5 之间的 X 级关系密级,应使作业单位 10 与 5 尽量远离。布置结果如图 11-17e 所示。

处理过程中发现,随着布置的作业单位的增加,提出处理的作业单位对的关系也随之增加。为了使后续的布置工作更简捷,应该在从综合相互关系表中取出相互关系时做出标记,以后不再重复处理。

(3)随后处理作业单位 4,与之相关的作业单位对有 1-4,4-7,作业单位 1 与图中已存在的作业单位 4 和 3 关系密级均为 E 级。由图 11-17 e 可以看出,作业单位 1 难以按其要求布置到作业单位 4 和 3 距离大致相同的位置上,为此必须修改原有布置方案,重新布置方案如图 11-17 f 所示。

(4)处理剩余作业单位。

第三、四、五步分别处理位置相关图中仍未出现的 I,O,U 级作业单位对。

最后重点调整 X 级作业单位对的相互位置,得出最终的作业单位位置相关图,如图 11-18 所示。

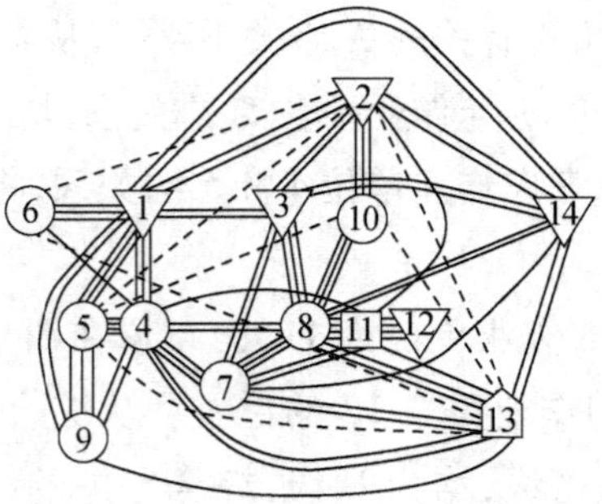

图 11-18 作业单位位置相关图

(三)作业单位面积相关图

将各作业单位的占地面积与空间几何形状结合到作业单位位置相关图上,就得到了作业单位面积相关图。在这个过程中,首先需要确定各作业单位建筑物的实际占地面积与外形(空间几何形状)。

1. 作业单位占地面积与外形

作业单位的基本占地面积由设备占地面积与人员活动场地等因素决定,在前文关于作业单位的划分一节中已有论述。这里重点讨论与作业单位建筑物实际占地面积与外形密切相关的建筑物结构形式与物料流动模式。

工厂建筑物一般都采用标准化设计与施工，建筑物的柱、梁都是标准的，因此，建筑物的柱距、跨距值都是标准序列值，一般柱距为 6 m，而跨距为 6 m，12 m，15 m，18 m，24 m 和 30 m。若柱数为 m，跨数为 n，跨距为 w，则建筑物的长度外形尺寸等于 $6(m-1)$ + 柱长，建筑物的宽度外形尺寸等于 wn + 柱宽。对于生产、储运部门，物料一般沿通道流动，而设备一般也是沿通道布置的，通道的形式决定了物料、人员的流动模式。

选择车间内部流动模式的一个重要因素是车间入口和出口的位置。由于外部运输条件或原有布置的限制，常需要按照给定的入、出口位置来规划流动模式。此外，流动模式还受生产工艺流程、生产线长度、场地、建筑物外形、物料搬运方式与设备、储存要求等方面的影响。

基本流动模式有如图 11-19 所示的五种。

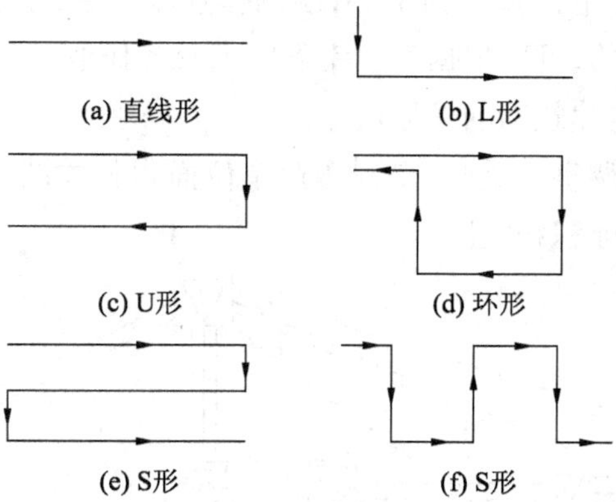

图 11-19 基本流动模式

（1）直线形。直线形是最简单的一种流动模式，入口与出口位置相对，建筑物仅有一跨，外形为长方形，设备沿通道两侧布置。

（2）L 形。适用于现有设施或建筑物不允许直接流动的情况，设备布置与直线形相似，入口与出口分别处于建筑物两相邻侧面。

（3）U 形。适用于入口与出口在建筑物同一侧面的情况，生产线长度基本上相当于建筑物长度的两倍，一般建筑物为两跨，外形近似于正方形。

（4）环形。适用于要求物料返回到起点的情况。

（5）S 形。在一固定面积上，可以安排较长的生产线。

通常,实际流动模式是由5种基本流动模式组合而成的。新建工厂时,可以根据生产流程要求及各作业单位之间物流关系选择流动模式,进而确定建筑物的外形尺寸。

2. 作业单位面积相关图的绘制步骤

有了作业单位建筑物的占地面积与外形后,可以在坐标纸上绘制作业单位面积相关图。

(1) 选择适当的绘图比例,一般比例为1:100,1:500,1:1 000,1:2 000和1:5 000,绘图单位为mm或m。

(2) 将作业单位位置相关图放大到坐标纸上,各作业单位符号之间应留出尽可能大的空间,以便安排作业单位建筑物。为了图面简洁,只需绘出重要的关系,如A,E及X级连线。

(3) 按综合接近程度分数大小顺序,由大到小依次把各作业单位布置到图上。绘图时,以作业单位符号为中心,绘制作业单位建筑物外形。作业单位建筑物一般都是矩形的,可以根据生产流程要求及各作业单位之间物流关系选择流动模式,进而确定建筑物的外形尺寸。

(4) 经过数次调整与重绘,得到作业单位面积相关图。图11-20所示为叉车总装厂作业单位面积相关图。

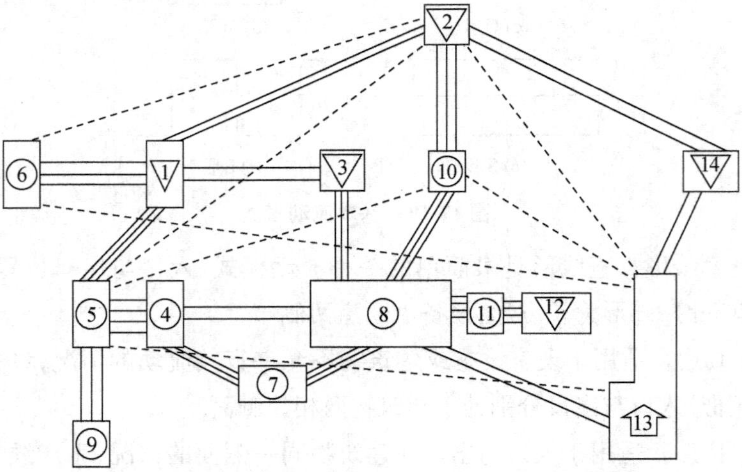

图11-20　叉车总装厂作业单位面积相关图

(四) 作业单位面积相关图的调整

作业单位面积相关图是直接从位置相关图演化而来的,只能代表一个理论上的、理想的布置方案，必须通过调整修正才能得到可行的布置方案。因此，从前述工厂总平面布置设计原则出发，考虑除五个基本要素以外的其他因素对布置方案的影响，这些因素可以分为修正因素与实际条件限制因素两类。

1. 修正因素

（1）物料搬运方法。物料搬运方法对布置方案的影响主要包括搬运设备种类特点、搬运系统基本模式及运输单元（箱、盘等）。

在面积相关图上，反映出作业单位之间的直线距离，而由于道路位置、建筑物的规范形式的限制，实际搬运系统并不总能按直线距离进行，物料搬运系统有三种基本形式：为直线道路的直接形、按规定道路搬运的渠道形及采用集中分配区的中心形系统，如图 11-21 所示。

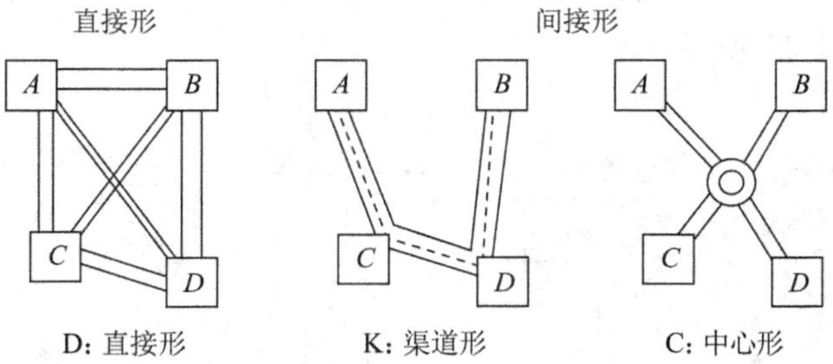

图 11-21 物料搬运系统的基本形式

对于每一种搬运系统，都有与之相应的搬运方法——设备及容器的形式。

（2）建筑特征。作业单位的建筑物应采用定型设计，即应保证道路的直线性与整齐性、建筑物的整齐规范及公用管线的条理性。

（3）道路。厂区内的道路不但承担着物料运输的任务，还起着分隔作业单位、防火、隔振等作用。厂内道路的布置应满足如下基本要求：① 道路布置应适应工艺流程需要，满足物料搬运要求，力求短捷、安全、联系方便；② 道路系统应适应公用管线、绿化等要求，符合《厂矿道路设计规范》有关技术要求；③ 满足生产、安全、卫生、防火及其他特殊要求；④ 避免货运线路与人流线路交叉，避免公路与铁路交叉；⑤ 厂内道路系统一般应采用正交和环形布置，交叉路口和转弯处的视距不应小于 30 m。

根据工厂生产工艺、物料搬运特点，厂内道路一般有环状式、尽端式和混合式三种基本形式，如图 11-22 所示。

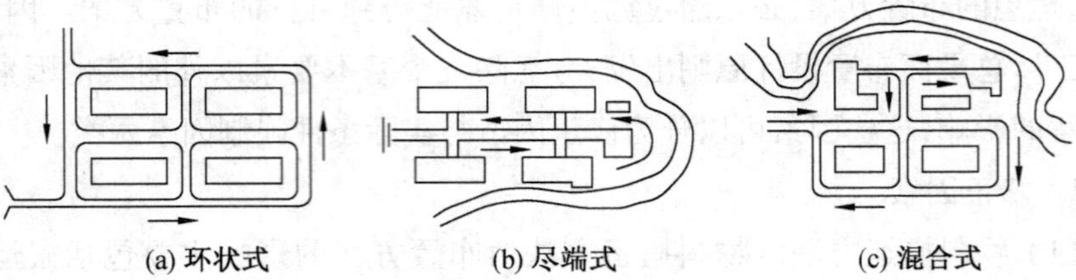

图 11-22　道路布置形式

(1) 环状式道路布置。环状式道路围绕各车间布置，各部门联系方便，利于厂内分区，适于场地条件较好的场合。

(2) 尽端式道路布置。当因条件限制不能采用环状式道路布置时，车道通至某地点就终止了，这时，在道路的端头应设置回车场，以便车辆调头，回车场的形式如图 11-23 所示。

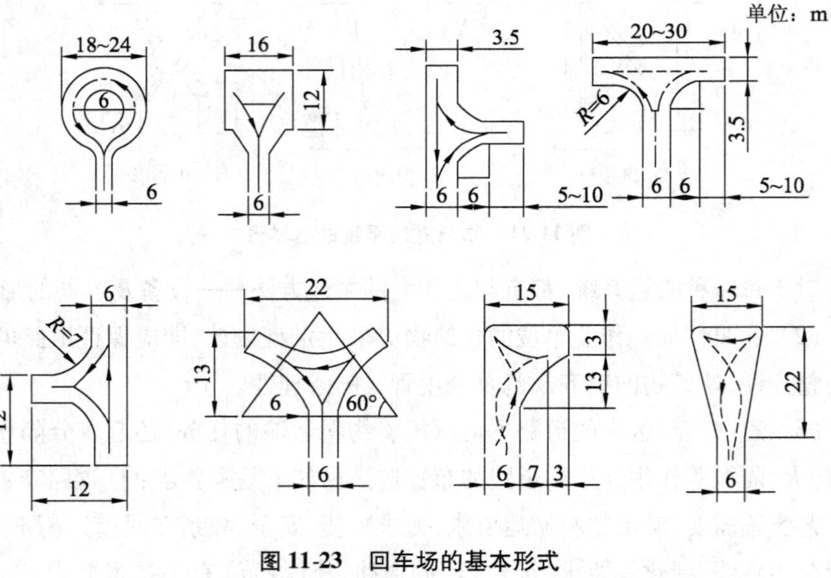

图 11-23　回车场的基本形式

(3) 混合式道路布置。混合式道路布置就是同时采用环状式和尽端式两种道路布置形式，是一种灵活的布置形式，适于各种类型的工矿企业。

厂内道路一般应符合《厂矿道路设计规范》，厂内汽车道路主要技术指标见表 11-36。表 11-37 给出了电瓶车专用道路主要技术指标，供工厂总平面布置时参考。

表 11-36 厂内汽车道路主要技术指标

项目	名称		指标	备注
路面宽度/m	大型厂主干道		7 ~ 9	城市型道路全路基宽度与路面宽度相同,公路型道路路基宽度为路面宽度与其两侧路肩宽度之和
	大型厂次干道 中型厂主干道		6 ~ 7	
	中型厂次干道 小型厂主干道		4.5 ~ 6	
	厂内辅助道路		3 ~ 4.5	
	车间引道		3 ~ 4	或与车间大门宽度相适应
路肩宽度/m	主干道、次干道辅助道		1.0 ~ 1.5	当经常有履带式车辆通行时,路肩宽度一侧可采用 3 m;在条件困难时,路肩宽度可减为 0.5 ~ 0.75 m
最小转弯半径/m	行驶单辆汽车		9	1. 最小半径值均从路面内缘算起 2. 车间引道的最小转弯半径不应小于 6 m 3. 在困难条件下(陡坡处除外),最小转弯半径可减至 3 m 4. 通行 80 t 以上的平板挂车道路,其最小转弯半径可按实际需求来确定
	汽车带一辆拖车		12	
	15 ~ 25 t 平板挂车		15	
	40 ~ 60 t 平板挂车		18	
最大纵坡/%	主干道	平原微丘区	6	1. 特殊困难处的最大纵坡:次干道可增加 1%,辅助道可增加 2%,车间引道可增加 3% 2. 经常有自行车通行的路段,最大纵坡不宜大于 4% 3. 经常运输危险品的车道,纵坡不宜大于 6%
		山岭重丘区	8	
	次干道、辅助道、车间引道		8	
最小纵坡/%			0.2	当能保证路面雨水排除的情况下,城市型道路的最小纵坡可采用平坡
视距/m	会车视距		30	
	停车视距		15	
	交叉口视距		20	
竖曲线最小半径/m	凸形		300	当纵坡变更处的两相邻坡度代数差大于 2% 时,设置圆形竖曲线
	凹形		100	
纵向坡段的最小长度/m			50	

表 11-37　电瓶车道主要技术指标　　单位:m

指标名称		指标	备注
车道宽度	单车道	2.0	
	双车道	3.5	
最小转弯半径		4.0	困难情况下可采用3.0
视　距		10	
最大纵坡		4.0	
曲线最小曲线半径:凸形、凹形		100	

另外,厂内道路与建筑物之间应留有一定距离,供绿化、排水沟渠及公用管线使用,具体参数详见表 11-38、11-39 及 11-40。

(4) 隔离防噪声。在实际布置设计中,为减少振动与噪声对生产质量及人身健康的危害,一般采取减振降噪措施或使人员密集区和精密车间远离振源的方法。表 11-41 给出了各种情况下噪声防护间距参考值。

(5) 场地自然地理条件与环境。厂区内外的自然地理条件、公共交通现状、环境污染等方面因素都会影响布置方案。

工厂所在地区的日照与风向对建筑物的朝向有很大影响,表 11-42 列出了我国部分地区建筑物的朝向。

当存在烟尘、异味等空气污染时,应注意全年盛行风向的影响,避免人员密集区受到空气污染,参见本章前半部分图 11-1。

表 11-38　厂内道路至相邻建筑物、构筑物的最小距离

序号	相邻建筑物、构筑物名称			最小距离/m
1	一般建筑物外墙	当建筑物面向道路的一侧无出入口时		1.5
		当建筑物面向道路的一侧有出入口而无汽车引道时		3.0
		当建筑物面向道路的一侧有出入口且有汽车引道时	连接引道的道路为单车道时	8.0
			连接引道的道路为双车道时	6.0
			出入口为蓄电池搬运车引道时	4.5

续表

<table>
<tr><th>序号</th><th colspan="4">相邻建筑物、构筑物名称</th><th>最小距离/m</th></tr>
<tr><td rowspan="4">2</td><td rowspan="4">特殊建构筑物</td><td colspan="2" rowspan="2">散发可燃气体、可燃蒸汽的甲类厂房；甲类库房；可燃液体贮罐；可燃、助燃气体贮罐</td><td>主要道路</td><td>10</td></tr>
<tr><td>次要道路</td><td>5.0</td></tr>
<tr><td colspan="2" rowspan="2">易燃液体贮罐；液化石油气贮罐</td><td>主要道路</td><td>15</td></tr>
<tr><td>次要道路</td><td>10</td></tr>
<tr><td>3</td><td colspan="4">消防车道至建筑物外墙</td><td>5~25</td></tr>
<tr><td rowspan="2">4</td><td colspan="3" rowspan="2">铁路中心线</td><td>标准轨道</td><td>3.75</td></tr>
<tr><td>窄轨</td><td>3.0</td></tr>
<tr><td rowspan="3">5</td><td rowspan="3">围墙</td><td colspan="3">当围墙有汽车出入口时，出入口附近</td><td>6.0</td></tr>
<tr><td colspan="3">当围墙无汽车出入口而路边有照明电杆时</td><td>2.0</td></tr>
<tr><td colspan="3">当围墙无汽车出入口而路边无照明电杆时</td><td>1.5</td></tr>
<tr><td>6</td><td colspan="4">各类管线支架</td><td>1.0~1.5</td></tr>
<tr><td rowspan="2">7</td><td rowspan="2">绿化</td><td colspan="3">乔木(至树干中心线)</td><td>1.0</td></tr>
<tr><td colspan="3">灌木(至灌木丛边缘)</td><td>0.5</td></tr>
<tr><td rowspan="4">8</td><td colspan="2" rowspan="4">装卸台边缘(在站台区段内按右列数值加宽路面至站台边，以便停放汽车)</td><td rowspan="2">当汽车平行站台停放时</td><td>解放 CA-10</td><td>3.0</td></tr>
<tr><td>黄河 JN-150</td><td>3.5</td></tr>
<tr><td rowspan="2">当汽车垂直站台停放时</td><td>解放 CA-10</td><td>10.5</td></tr>
<tr><td>黄河 JN-150</td><td>11.0</td></tr>
</table>

表 11-39 树木与相邻建筑物、构筑物之间的距离

<table>
<tr><th colspan="2" rowspan="2">建筑物、构造物和地下管线名称</th><th colspan="2">最小水平间距/m</th></tr>
<tr><th>至乔木中心</th><th>至灌木中心</th></tr>
<tr><td rowspan="2">建筑物外墙</td><td>有窗</td><td>5.0</td><td>1.5~2.0</td></tr>
<tr><td>无窗</td><td>2.0</td><td>1.5~2.0</td></tr>
<tr><td colspan="2">围墙</td><td>2.0</td><td>1.0</td></tr>
<tr><td colspan="2">栈桥的柱</td><td>2.0~3.0</td><td>不限</td></tr>
<tr><td colspan="2">冷却池边缘</td><td>40.0</td><td>不限</td></tr>
<tr><td colspan="2">标准轨距铁路中心线</td><td>5.0</td><td>3.5</td></tr>
</table>

续表

建筑物、构造物和地下管线名称	最小水平间距/m	
	至乔木中心	至灌木中心
道路路面边缘	1.0	0.5
人行道边缘	0.75	0.5
排水明沟边缘(固沟林除外)	1.0~1.5	0.5~1.0
给水管管壁	1.5	0.5
排水管管壁	1.5	0.5
热力管(沟)管(沟)壁	1.5	1.5
煤气管管壁	1.5	1.5
乙炔、氧气、压缩空气管管壁	1.5	1.0
电力电缆外缘	1.5	0.5
照明电缆外缘	1.0	0.5

表 11-40　一般地区明沟至建筑物距离

明沟边缘至			最小距离/m
建筑物基础边缘			3.0
围墙			1.5
管线	地上与地下管道外壁		1.0
	架空管线支架基础边缘	一般管道	1.0
		煤气、天然气、氧气管道	1.5
乔木中心(树冠直径不大于 5 m)			1.0
灌木中心			0.5
人行道路面边缘			1.0
粉料堆场边缘	一般		5.0
	困难条件		3.0
挖方坡顶	一般		5.0
	土质良好,且边坡不高(或明沟铺砌)		2.0

续表

明沟边缘至		最小距离/m
挖方坡脚	边坡高度≥2.0 m	0.5～1.0
	边坡高度<2.0 m 或边坡加固	0
填方坡脚	一般	2.0
	地质和排水条件良好或采取措施足以保证填土稳定时	1.0

表 11-41 几种建筑物的噪声防护间距

序号	噪音源	防护对象	间距/m	备注
1	水泥厂粉磨车间	办公室	30～40	
2	发电厂磨煤厂房	有实验室的办公室	25～30	
3	焦化厂鼓风机室(抽风机室)	实验室、办公室、计量室	40～50	
4	噪声 00dB 以上的车间	消防车库	100	如焦化厂鼓风机室
5	金属结构车间	厂部大厦	50 以上	对工作人员无影响
6	铆接工作地点	办公室	40～50	影响听觉
7	铆接工作地点	办公室	150	无影响
8	金属结构车间	办公大楼、工程大楼	35～45	车间通道传出的声音较大,相对建筑物的大门避免直对,以减少影响
9	压气机房、扇风机房、其他大噪声车间	卷扬机房、办公室、生活用室	20～30	
10	噪声车间	化验室、医务所、幼儿园	30～50	
11	压气机房	居住及公共建筑	50	

表 11-42　我国部分地区建筑朝向

地区	最佳朝向	适宜朝向	不宜朝向
北京地区	南偏东 30°以内 南偏西 30°以内	南偏东 45°范围 南偏西 45°范围	北偏西 36°～60°
石家庄地区	南偏东 15°	南至南偏东 30°	西
上海地区	南至南偏东 15°	南偏东 30° 南偏西 15°	北、西北
太原地区	南偏东 15°	南偏东到东	西北
济南地区	南、南偏东 10°～15°	南偏东 30°	西偏北 5°～15°
呼和浩特地区	南至南偏东 南至南偏西	东南、西南	北、西北
哈尔滨地区	南偏东 15°～20°	南至南偏东 15° 南至南偏西 15°	西、西北、北
福州地区	南、南偏东 5°～10°	南偏东 20°以内	西
长春地区	南偏东 30° 南偏西 10°	南偏东 45° 南偏西 45°	北、东北、西北
沈阳地区	南、南偏东 20°	南偏东至东 南偏西至西	东北东至西北西
南京地区	南偏东 15°	南偏东 25° 南偏西 10°	西、北
合肥地区	南偏东 5°～15°	南偏东 15° 南偏西 5°	西
杭州地区	南偏东 10°～15° 北偏东 6°	南、南偏东 30°	北、西
郑州地区	南偏东 15°	南偏东 25°	西北
武汉地区	南偏西 15°	南偏东 15°	西、西北
长沙地区	南偏东 9°左右	南	西、西北
广州地区	南偏东 15° 南偏西 5°	南偏东 22°30′ 南偏西 15°至西	
南宁地区	南、南偏东 15°	南、南偏东 15°～25° 南偏西 5°	东、西
西宁地区	南至南偏西 30°	南偏东 30°至南偏西 30°	北、西北
西安地区	南偏东 10°	南、南偏西	西、西北
银川地区	南至南偏东 23°	南偏东 34° 南偏西 20°	西、北

续表

地区	最佳朝向	适宜朝向	不宜朝向
乌鲁木齐地区	南偏东 40° 南偏西 30°	东南、东、西	北、西北
成都地区	南偏东 45°至南偏西 15°	南偏东 45°至东偏北 30°	西、北
昆明地区	南偏东 25° ~ 56°	东至南至西	北偏东 35° 北偏西 35°
拉萨地区	南偏东 10° 南偏西 5°	南偏东 15° 南偏西 10°	西、北
重庆地区	南、南偏东 10°	南偏东 15° 南偏西 5°、北	东、西
厦门地区	南偏东 5° ~ 10°	南偏东 22°30′ 南偏西 10°	南偏西 25° 西偏北 30°

为了便于与外界联系，常把所有职能管理部门包括生活服务部门集中起来，布置在厂门周围，形成厂前区。而厂门应尽可能便于厂内外运输道路的衔接。

此外，建筑的美学因素、人员、公共管线、建筑物外形的改变、管理等方面都会对布置方案产生影响。

2．实际条件限制

前述修正因素是布置设计中应考虑的事项，而对设计有约束作用的现有条件则称为实际条件限制因素，包括给定厂区面积、成本费用、现有建筑物等条件的利用及政策法规等多方面的限制。

3．工厂总平面布置图的形成

通过考虑多种方面因素的影响与限制，形成众多的布置方案，抛弃所有不切实际的想法，保留 2 ~5 个可行布置方案供选择。

采用规范的图例符号，将布置方案绘制成工厂总平面布置图，图 11-24 即为叉车总装厂一种布置方案图。

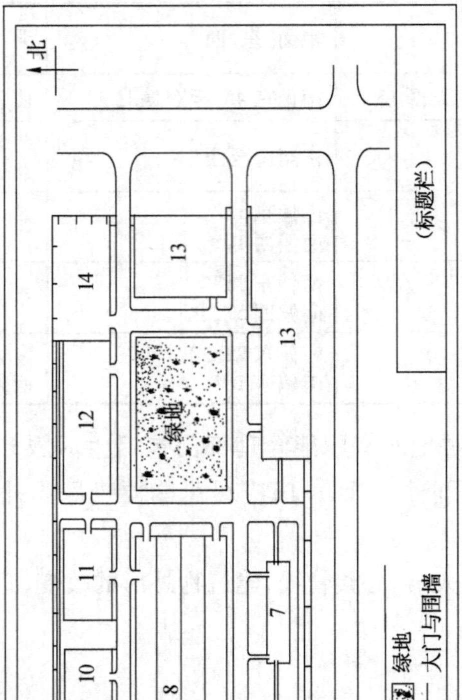

图 11-24　叉车总装厂平面布置图

（五）方案的评价与选择

通过对作业单位面积相关图的调整，已经取得了整个可行方案，应该对每个方案进行评价，选择出最佳方案，作为最终的工厂总平面布置方案。

常用的布置方案的评价方法有加权因素法与费用对比法。

1. 加权因素法

工厂布置过程是一个多目标优化设计过程，某个可行的布置方案可能在某一目标因素方面是非常优越的，而在另一目标因素方面可能并不突出，其他布置方案可能正好相反。也就是说，各种布置方案各有优、缺点，需要进行综合评价，从中选出最优的布置方案。

加权因素法就是将布置设计的目标分解成若干个因素，并对每个因素的相对重要性评定一个优先级（加权植），然后分别就每个因素评价各个方案的相对优劣等级，最后加权求和，求出各方案的得分，得分最高的方案就是最佳方案。

采用加权因素法进行方案评价的一般步骤如下：

（1）列出所有对于选择布置方案有重要影响的因素。一般应该考虑的因素有：物流效率与方便性、空间利用率、辅助服务部门的综合效率、工作环境安全与舒适性、管理的方便性、布置方案的可扩展性、产品质量及其他相关因素。用 f_i 表示第 i 个因素，其中，$i=1,2,\cdots$。

（2）评出每个因素之间的相对重要性——加权值 α_i，其中 $i=1,2,\cdots$。

（3）布置方案优劣等级划分。由于布置方案优劣得分难以准确得出，且没有必要给出准确得分，因此，通过优劣等级评定给出某个方案在某些方面的优劣分数。等级可以分为非常优秀、很优秀、优秀、一般和基本可行 5 个等级，并规定等级符号分别取 A(4)，E(3)，I(2)，O(1)，U(0)，括号中的数字为各等级相对分数。

（4）评价每个方案在各方面的分数。用 d_{ij} 表示第 j 个方案第 i 项因素的得分，其中 $i=1,2,\cdots;j=1,2,\cdots$。

（5）求出各方案的总分。设 T_j 表示第 j 个方案的总分，则

$$T_j = \sum_{i=1}^{n} \alpha_i d_i \quad (i = 1,2,\cdots,n)$$

式中，n 为因素数目。

（6）取 $T_{\max} = \mathrm{MAX}\{T_j \mid j=1,2,\cdots\}$，即 $T_{\max}$ 为最高的总分，获得最高总分

的方案就是最佳方案。

上述评分过程中,应由各方面的专家独立进行评分,以保证评价结果的可靠性。

2. 费用对比法

费用对比法一般是在各个方案都已证明是合理、可行的情况下,从经济角度对方案进行比较择优。

分析评价时,可以着重对布置方案的物流费用、基建费用等方面进行综合评价,费用最低的方案就是最佳方案。

八、 课程设计任务书、步骤与制图标准及说明书格式

（一）课程设计任务书

1. 设计题目

液压转向器厂总平面布置设计。

2. 设计内容与要求

“液压转向器厂总平面布置设计”内容与要求如下：

（1）液压转向器厂物流分析。

（2）液压转向器厂作业单位相互关系分析。

（3）作业单位位置相关图,相当于 A1 图样的坐标纸 1 张。

（4）作业单位面积相关图,相当于 A1 图样的坐标纸 1 张。

（5）液压转向器厂总平面布置图 3 套,A1 图样 3 张。

（6）评价择优,选出最佳总平面布置图。

（7）编写设计说明书,工作量不少于 12 000 字。

3. 原始给定条件

当地现有一叉车修理厂,占地面积为 16 000 m^2,厂区南北长为 200 m,东西宽为 80 m,所处地理位置如图 11-25 所示。该厂职工人数 300 人,计划改建成年产 6 000 套液压转向器的生产厂,需要完成工厂总平面布置设计。

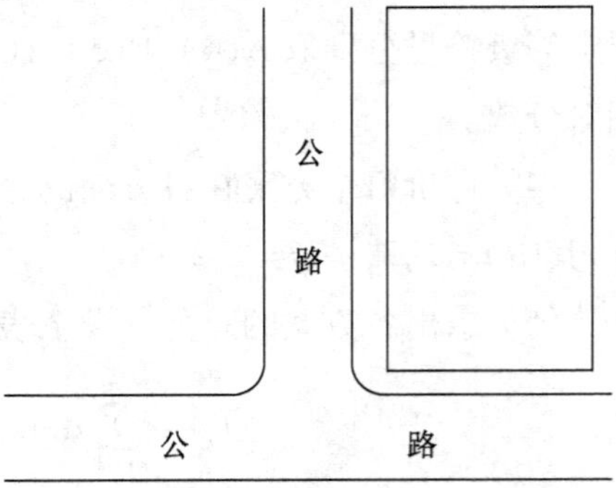

图 11-25　改建液压转向器厂厂区图

（1）液压转向器结构及有关参数。

液压转向器的基本结构如图 11-26

所示，其零、组件的名称、材料、单件重量及年需求量均列于表 11-43 中。

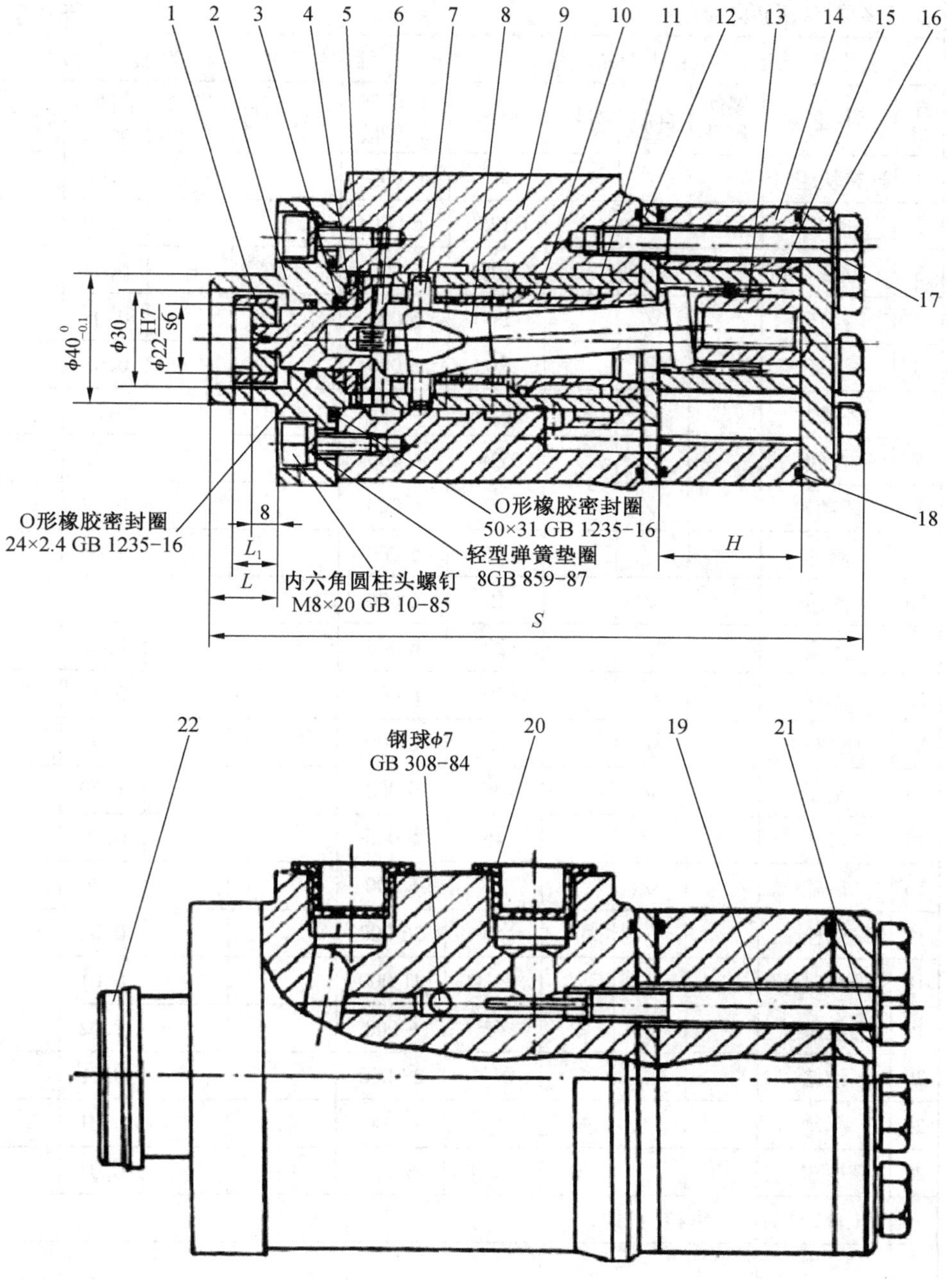

图 11-26 液压转向器结构

表 11-43　零件明细表

工厂名称:液压转向器厂										共1页
产品名称	液压转向器	产品代号				计划生产量	6 000 套			第1页
序号	零件名称	零件代号	自制	外购	材料	总计划需求量	零件图号	形状尺寸	单件重量/kg	说明
1	连接块组件		√		20	6 000			0.09	
2	前盖		√		HT250	6 000			0.90	
3	X 形密封圈			√	橡胶	6 200			0.04	
4	挡环		√		20	6 000			0.03	
5	滑环		√		20	6 000			0.03	
6	弹簧片			√	65Mn	42 000			0.01	
7	拨销			√	65Mn	6 200			0.02	
8	联动轴		√		45	6 000			0.27	
9	阀体		√		HT250	6 000			7.00	
10	阀芯		√		45	6 000			0.6	
11	阀套		√		20	6 000			0.56	
12	隔盘		√		20	6 000			0.32	
13	限位柱		√		45	6 000			0.01	
14	定子		√		40Cr	6 000			1.20	
15	转子		√		45	6 000			0.60	
16	后盖		√		20	6 000			0.80	
17	螺栓			√	45	36 000			0.02	
18	O 形密封圈			√	橡胶	21 000			0.01	
19	限位螺栓			√	45	6 000			0.02	
20	油堵			√	塑料	28 000			0.01	
21	标牌			√	铝	6 000			0.01	
22	护盖			√	塑料	6 600			0.01	
编制(日期)	审核(日期)									

（2）作业单位划分。

根据液压转向器结构及工艺特点，液压转向器厂设立如表 11-44 所示 11 个作业单位，分别承担原材料存储、备料、热处理、加工与装配、产品性能试验、生产管理与服务等各项生产任务。

表 11-44 作业单位建筑物汇总表

序号	作业单位名称	用途	建筑面积/m^2	结构形式	备注
1	原材料库	储存钢材、铸锭	20×30		露天
2	铸造车间	铸造	12×24		
3	热处理车间	热处理	12×12		
4	机加工车间	车、铣、钻削	18×36		
5	精密车间	精镗、磨削	12×36		
6	标准件、半成品库	储存外购件、半成品	12×24		
7	组装车间	组装转向器	12×36		
8	性能实验室	转向器性能检验	12×12		
9	成品库	成品储存	12×12		
10	办公、服务楼	办公室、食堂等	80×60		
11	设备维修车间	机床维修	12×24		

（3）液压转向器生产工艺过程。

由于液压转向器结构比较简单，因此，其生产工艺过程也很简单，总的工艺过程可分为零、组件制作与外购，半成品暂存、组装，性能试验与成品存储等阶段。

① 零、组件制作与外购。液压转向器上的标准件、异形件如塑料护盖、铝制标牌等都是采用外购、外协的方法获得，入厂后由半成品库保存。其他零件由本厂自制，其工艺过程分别见表 11-45 至表 11-57。

表 11-45 液压转向器零件加工工艺过程表

产品名称	件号	材料	单件重量/kg	计划年产量/套	年产总量/kg
连接块组件	1	20	0.09	6 000	

序号	作业单位名称	工序内容	工序材料利用率/%
1	原材料库	备料	
2	机加工车间	车、镗、压装	55
3	半成品库	暂存	
4			
5			

表 11-46 液压转向器零件加工工艺过程表

产品名称	件号	材料	单件重量/kg	计划年产量/套	年产总量/kg
前盖	2	HT250	0.90	6 000	

序号	作业单位名称	工序内容	工序材料利用率/%
1	原材料库	备料	
2	铸造车间	铸造	60
3	机加工车间	粗铣、镗、钻	80
4	精密车间	精镗	95
5	半成品库	暂存	
6			

表 11-47 液压转向器零件加工工艺过程表

产品名称	件号	材料	单件重量/kg	计划年产量/套	年产总量/kg
挡环	4	20	0.03	6 000	

序号	作业单位名称	工序内容	工序材料利用率/%
1	原材料库	备料	
2	机加工车间	车削	40
3	半成品库	暂存	
4			
5			

表 11-48 液压转向器零件加工工艺过程表

产品名称	件号	材料	单件重量/kg	计划年产量/套	年产总量/kg
滑环	5	20	0.03	6 000	

序号	作业单位名称	工序内容	工序材料利用率/%
1	原材料库	备料	
2	机加工车间	车削	40
3	半成品库	暂存	
4			
5			

表 11-49 液压转向器零件加工工艺过程表

产品名称	件号	材料	单件重量/kg	计划年产量/套	年产总量/kg
联动器	8	45	0.27	6 000	

序号	作业单位名称	工序内容	工序材料利用率/%
1	原材料库	备料	
2	机加工车间	车、铣	40
3	精密车间	精磨	99
4	半成品库	暂存	
5			

表 11-50 液压转向器零件加工工艺过程表

产品名称	件号	材料	单件重量/kg	计划年产量/套	年产总量/kg
阀体	9	HT250	7.00	6 000	

序号	作业单位名称	工序内容	工序材料利用率/%
1	原材料库	准备铸锭	
2	铸造车间	铸造	60
3	机加工车间	粗铣、镗	70
4	精密车间	精镗	90
5	半成品库	暂存	
6			

表 11-51　液压转向器零件加工工艺过程表

产品名称	件号	材料	单件重量/kg	计划年产量/套	年产总量/kg
阀芯	10	45	0.6	6 000	

序号	作业单位名称	工序内容	工序材料利用率/%
1	原材料库	备料	
2	机加工车间	粗车、钻、铣	70
3	热处理车间	热处理	
4	精密车间	精磨	99
5	半成品库	暂存	
6			

表 11-52　液压转向器零件加工工艺过程表

产品名称	件号	材料	单件重量/kg	计划年产量/套	年产总量/kg
阀套	11	20	0.56	6 000	

序号	作业单位名称	工序内容	工序材料利用率/%
1	原材料库	备料	
2	机加工车间	车削	80
3	半成品库	暂存	
4			
5			

表 11-53　液压转向器零件加工工艺过程表

产品名称	件号	材料	单件重量/kg	计划年产量/套	年产总量/kg
阀盘	1	20	0.32	6 000	

序号	作业单位名称	工序内容	工序材料利用率/%
1	原材料库	备料	
2	机加工车间	铣、钻	80
3	半成品库	暂存	
4			

表 11-54 液压转向器零件加工工艺过程表

产品名称	件号	材料	单件重量/kg	计划年产量/套	年产总量/kg
限位柱	13	45	0.01	6 000	

序号	作业单位名称	工序内容	工序材料利用率/%
1	原材料库	备料	
2	机加工车间	车、镗	70
3	热处理车间	热处理	
4	精密车间	端磨	99
5	半成品库	暂存	
6			

表 11-55 液压转向器零件加工工艺过程表

产品名称	件号	材料	单件重量/kg	计划年产量/套	年产总量/kg
定子	14	40Cr	1.20	6 000	

序号	作业单位名称	工序内容	工序材料利用率/%
1	原材料库	备料	
2	热处理车间	退火	
3	机加工车间	车、钻、插、铣	50
4	热处理车间	调质	
5	精密车间	研磨	99
6	半成品库	暂存	
7			

表 11-56 液压转向器零件加工工艺过程表

产品名称	件号	材料	单件重量/kg	计划年产量/套	年产总量/kg
转子	15	45	0.60	6 000	

序号	作业单位名称	工序内容	工序材料利用率/%
1	原材料库	备料	
2	热处理车间	正火	
3	机加工车间	车、铣、钻	70
4	热处理车间	淬火	
5	精密车间	研磨	99

续表

序号	作业单位名称	工序内容	工序材料利用率/%
6	半成品库	暂存	
7			
8			

表 11-57　液压转向器零件加工工艺过程表

产品名称	件号	材料	单件重量/kg	计划年产量/套	年产总量/kg
后盖	16	20	0.80	6 000	
序号	作业单位名称		工序内容		工序材料利用率/%
1	原材料库		备料		
2	机加工车间		车、钻		80
3	半成品库		暂存		
4					
5					
6					

表中各工序加工前工件重量为：

该工序加工后工件重量/该工序材料利用率

② 标准件、外购件与半成品暂存。生产出的零、组件经车间内检验合格后，送入半成品库暂存。

定期订购的标准件和外协件均存放在半成品库。

③ 组装。所有零、组件在组装车间集中组装成液压转向器成品。

④ 性能试验。所有组装出的液压转向器均需进行性能试验，试验合格的成品送入成品库，试验不合格的返回组装车间进行修复。一次组装合格率估计值为 80%，二次组装合格率为 100%。

⑤ 成品存储。所有合格液压转向器存放在成品库待出厂。

(4) 自然气象条件。

自然气象等条件按学生所在地的条件加以考虑。

（二）课程设计的步骤

良好的设计程序是工厂总平面布置设计成功的关键。为保证设计质量，减少设计中的反复，可以参考下述步骤进行液压转向器厂总平面布置设计。

1．基本要素分析

在本课程设计任务书及给定原始条件中，已经给出了待布置设计的液压转向器厂的产品、产量、工艺过程、作业单位划分情况及时间安排等基本要素。在此，重要的是要清楚地了解产品的组成及各个零件的制作工艺路线，为进一步的物流分析做好准备。

2．产品工艺过程和物流分析

物流分析是机械制造厂平面布置的基础，只有在进行准确的物流分析后，才有可能得到合乎需要的布置方案。

（1）产品工艺过程分析。

① 分析给定的工艺过程表，通过对产品加工、组装、检验等各加工阶段及各工艺过程路线的分析，计算每个工艺过程的各工序中加工前工件单件重量及产生的废料重量，并折算成全年重量。

② 分别绘制各个自制零、组件工艺过程图。

③ 汇总形成产品总的工艺过程图，特别注明各工序（作业单位）之间的全年物流量。

（2）物流分析。

① 根据产品总的工艺过程图，统计各作业单位之间的物流强度。当存在逆向物流时，物流强度等于正、逆物流强度之和，统计的结果填入物流强度汇总表。

② 将各作业单位对的物流强度按大小排序，自大到小填入物流强度分析表，根据物流强度分布比例划分物流强度等级。

③ 填写作业单位物流相关表。

3．作业单位相互关系分析

按下列步骤进行作业单位相互关系分析。

（1）明确各作业单位的特点，包括工作内容、工作性质（生产、仓储、管理、生产服务或生活服务等），有无振动、噪声、烟尘及异味等环境污染。

（2）明确各作业单位与其他单位之间的重要联系，包括工艺流程、物流方面联系和工作性质相似性、生产管理、人员等方面联系。

（3）明确存在环境污染的作业单位对其他作业单位的影响。

（4）整理出 8 ~ 10 条作业单位相互关系影响因素。

（5）确定各个作业单位对之间影响相互关系的因素，并初步确定相互关系等级。

（6）调整相互关系等级比例，将最后的作业单位之间的相互关系等级填入作业单位相互关系表。

4．作业单位间物流与非物流相互关系合并

（1）通过产品特点分析，明确物流对生产的影响大小，确定出物流与非物流相互关系相对重要性（加权值）。

（2）利用作业单位之间综合相互关系表，量化物流与非物流相互关系等级，计算合并后的综合相互关系分数。

（3）统计各段分数作业单位对的比例，划分综合相互关系等级。

（4）填写作业单位综合相互关系表。

5．绘制作业单位位置相关图

（1）综合接近程度计算。利用综合接近程度排序表，量化综合相互关系等级，并计算出各作业单位综合接近程度，按综合接近程度分数由高到低排序。

（2）绘制作业单位位置相关图。按 A，E，I，O，U，X 级顺序，处理各级作业单位对之间的相互位置，同级作业单位对按综合接近程度分数高的高低顺序，安排各作业单位的位置。

6. 绘制作业单位面积相关图

（1）按照布置工厂构成的复杂程度，选择图幅大小。工厂越复杂则图幅越大。

（2）按图样大小与厂区大小比例选择绘图比例，绘图比例一般取为

$$\frac{\text{图样长度:厂区长度}}{2}$$

或

$$\frac{\text{图样宽度:厂区宽度}}{2}$$

中的较小值，并圆整成标准值。

（3）将作业单位位置相关图放大到面积相关图图样上，放大时应使位置相关图居中布置，并在各作业单位之间留有尽量大的空间。

（4）按综合接近程度高低顺序，将各作业单位面积汇入面积相关图中，若预留空间不够，则可适当调整。

7．绘制工厂总平面布置可行方案图

考虑修正因素与实际条件限制因素，修改调整面积相关图，包括如下因素。

（1）厂区占地面积大小。

（2）根据产品特点，确定物料搬运方法，如采用托盘搬运产品并用电瓶车来实现车间之间的运输。

（3）确定场内外的运输方式，一般采用汽车。

（4）根据厂区地理条件选择道路形式及其技术参数，包括主、次干道路宽度、弯道半径、交叉路口转弯半径等。

（5）根据场外公路情况，设定数个厂门位置，形成多种布置方案。

（6）设置厂前区位置，合理改变办公、服务楼外形。

（7）考虑风向特别是盛行风向对作业单位相对位置的影响，避免烟尘、异味等空气污染影响人身健康。

（8）考虑建筑物朝向、间距、防火、防噪声等因素。

考虑上述各种因素，整理出三套可行布置方案，按制图标准绘制成工厂总平面布置方案图。

8．评价择优

（1）选择方案评价因素，如物料搬运效率及方便性、扩建可能性、生产管理的方便性、防止污染、安全生产、辅助服务方便性等。

（2）确定各因素的相对重要性（权值）。

（3）评比各方案的优劣等级。

（4）计算各方案的得分，最高的为最佳方案。

（三）制图标准及设计说明书格式

1．图幅标准

绘制工厂平面布置图时，应采用标准图幅，如图 11-27 及表 11-58 所示。

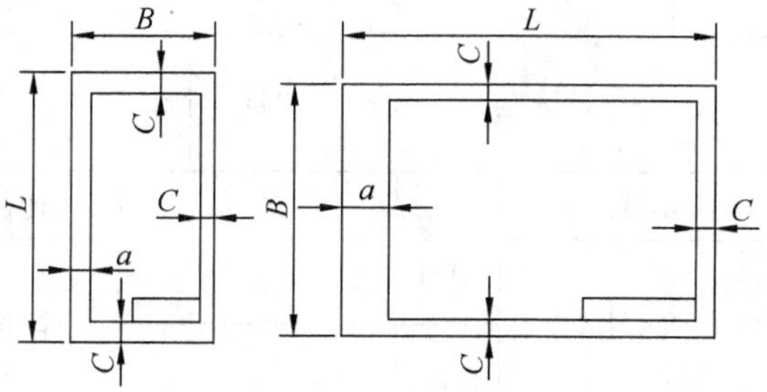

图 11-27 图样幅面

表 11-58　图样幅画尺寸　　　　mm

幅面代号	A_0	A_1	A_2	A_3
L	1 189	841	594	420
B	841	594	420	297
C	10	10	10	5
A	25	25	25	25

2．图样比例

绘制工厂总平面布置图一般采用缩小比例，如 1：100，1：200，1：500，1：1 000，1：2 000，1：5 000 等。

3．标题栏与明细表格式

工厂总平面布置图标题栏与明细表格式参见表 11-59。

表 11-59　平面布置图标题栏与明细表

序号	作业单位名称	用途	建筑面积/m^2	结构形式	备注

<table>
<tr><td>工程
名称</td><td colspan="4"></td><td>图号</td><td colspan="2"></td></tr>
<tr><td>设计</td><td></td><td>年 月 日</td><td rowspan="2">工程
项目</td><td rowspan="2"></td><td>比例</td><td></td></tr>
<tr><td rowspan="2">制图</td><td rowspan="2"></td><td rowspan="2">年 月 日</td><td rowspan="2">阶段</td><td rowspan="2"></td></tr>
<tr><td rowspan="2">图样
内容</td><td rowspan="2"></td></tr>
<tr><td>审核</td><td></td><td>年 月 日</td><td>第　张</td><td>共　张</td></tr>
</table>

4. 规范图例

在工厂总平面布置图中,采用多种规范图例表示工厂的各组成部分。常用的规范图例参见表 11-60。

表 11-60 常用规范图例

名称	图例	说明
新设计的建筑物	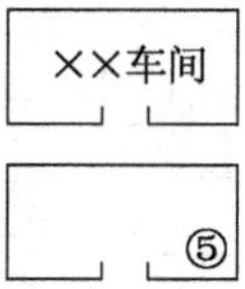	1. 比例小于 1∶2 000 时,可以不画出入口 2. 需要时可在右角上以点数(或数字)表示层数 3. ⑤表示建筑物编号
新设计的有铁路引入的建筑物	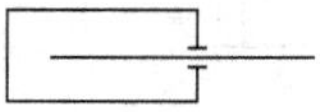	车间内铁路按实际长度画出
原有的建筑物	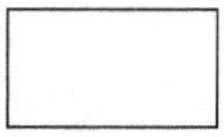	在设计中拟利用者,均应编号说明或在图上注明
计划扩建的预留地或建筑物		用细虚线表示
拆除的建筑物	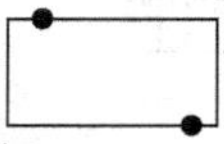	
转运站及通廊	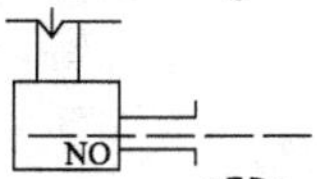	应注明转运站及通廊编号
地下建筑物或构筑物		用粗虚线表示
散状物料露天堆场	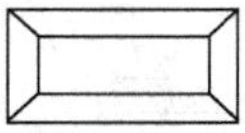	
其他材料露天堆场或露天作业场	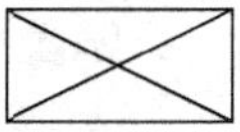	
铺砌场地	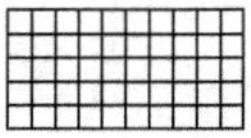	当铺砌场地面积较大时,可局部表示
敞棚或敞廊	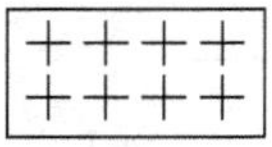	
露天桥式吊车	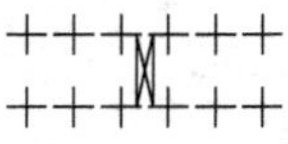	
龙门吊车	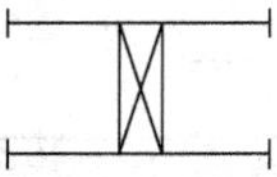	

续表

名称	图例	说明
贮罐或水塔	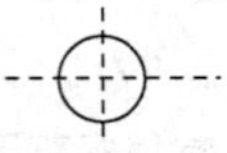	
烟囱	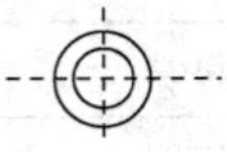	必要时可注明烟囱高度和用虚线表示烟囱基础
围墙及大门	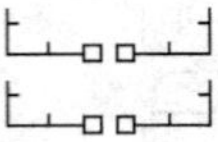	上图表示砖石、混凝土及金属材料围墙；下图表示镀锌铁丝网、篱笆等围墙
台阶	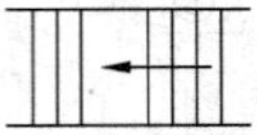	箭头表示下坡
排水明沟	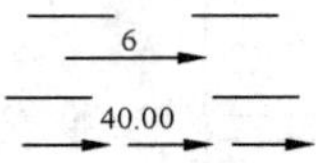	1. 上图用于比较较大的图面中；下图用于比较较小的图面中 2. 6 表示 6‰，为沟底纵坡度；40. 00 表示变坡点间距离；箭头表示流水方向
有盖的排水沟	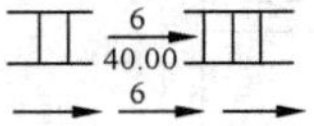	
新设计的道路	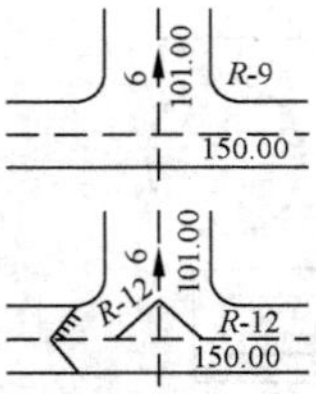	1. R 为道路转弯半径；150. 00 表示路面中心标高；6 表示 6%，为纵坡度；101. 00 表示变坡点间距离 2. 图中斜线为道路断面示意，根据实际需要绘制 3. 箭头表示流水方向 4. 上图一般用于厂内道路；下图一般用于矿区道路
原有道路		
计划的道路		
人行道	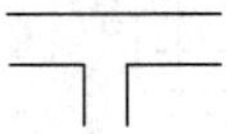	
桥梁	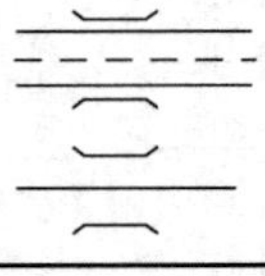	上图表示公路桥 下图表示铁路桥

5. 设计说明书格式

设计说明书是整个设计工作的总结,是设计成果的书面表述和重要组成部分。设计说明书应由封面、设计任务书、评语、正文目录、正文及参考文献等构成。

(1) 封面。封面应注明课程设计说明书名称、学生姓名、指导教师姓名等内容。

(2) 设计任务书。设计任务书应给出设计题目、设计内容与要求等。

(3) 评语。在学生完成设计任务后,经答辩,由指导教师根据学生完成设计情况、答辩情况及答辩小组意见,写出适当的评语并签名,供存档用。

(4) 正文目录。按章、节列出正文目录。

(5) 正文。正文应包括整个设计过程的主要内容,即包括所有设计步骤、表格及必要的简图。要求计算准确、条理清楚、逻辑性强。

九、 附录

可列出设计说明书中重要的计算表格等。

第十二章 “国际贸易实务”课程设计

一、 课程设计目的和要求

（1）考查学生对国际物流中涉及的国际贸易基本理论掌握的情况。

（2）掌握进出口业务工作的基本环节和外贸合同的各项交易条件。

（3）比较熟练地进行合同条款的谈判及外贸合同的签订与履行工作。

（4）能防范违反合同的现象并能妥善处理好索赔、理赔工作。

（5）提高学生综合运用所学理论知识分析和解决实际问题的能力。

（6）锻炼学生的独立工作能力。

（7）拓展学生国际贸易领域的知识面和视野。

（8）提高利用互联网收集资料，分析国际贸易实际问题的能力。

二、 实验内容

（1）应用所学的国际贸易实务的理论知识，自己上网收集（或参与某公司合同履行）一进出口公司的相关资料（相互之间不能是同一公司），包括公司的背景资料。

（2）根据该公司的资料，制定出口计划或进口计划，与某一国外进出口公司建立业务联系。

（3）在对国外进出口公司进行调查的基础上，通过询盘、发盘、还盘和接受磋商环节，与国外该公司签订合同。注意所签订的合同的条款内容，包括价格条款、商品的品名、商品的品质、商品的数量、商品的包装、运输、保险、货款的收付、检验、索赔、不可抗力、仲裁等。

（4）根据所签订的合同内容，履行进出口合同，在履行合同过程中，可以选择自己感兴趣的内容详细描述，如可以详细描述询盘、发盘、还盘和接受的内容,可以详细描述商品品质的规定方法,可以详细描述货款的收付方法如汇付、托收和信用证,也可以详细描述不可抗力和仲裁等。

(5)根据合同的签订与合同的履行过程,结合自己的实际,写出自己的感想。

三、 课程设计设备及软件、材料

(一)设备及软件

无。

(二)材料

准备以下空白单证:

① 买卖合同;② 商业发票;③ 开证申请书;④ 信用证;⑤ 信用证通知书;⑥ 装箱单;⑦ 保单;⑧ 报关单;⑨ 装船通知书;⑩ 报检委托书;⑪ 报检单;⑫ 检验证书;⑬ B/L(提单);⑭ D/O(提货单)。

每一张都要打印,并且要做到熟悉单证内容,掌握单证中的英文表达,能够根据客户需要填写单证内容。

四、 课程设计步骤及方法指导

(一)步骤

熟悉国际物流和国际贸易 38 步骤,如图 12-1 所示,熟练掌握 38 步骤中的每一个步骤。

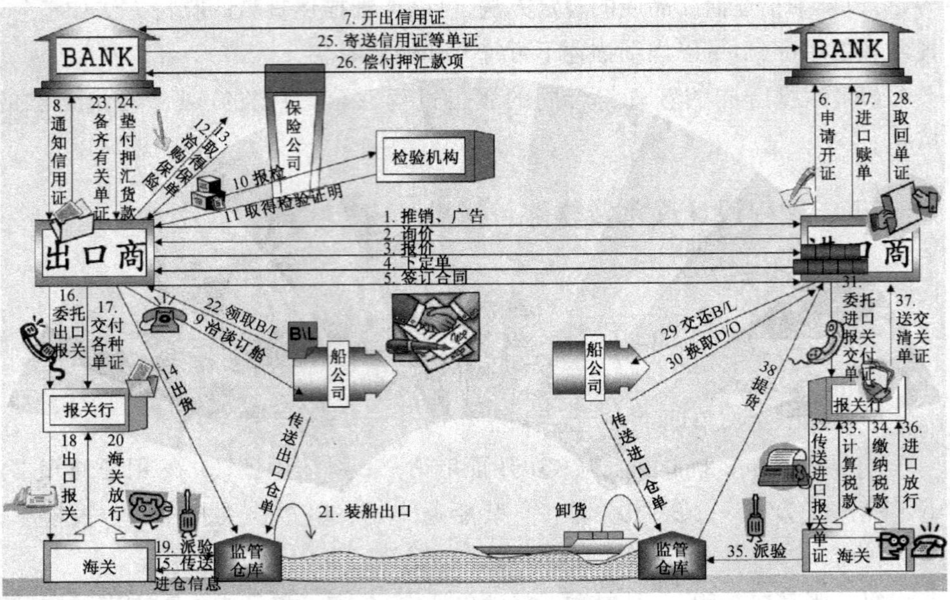

图 12-1　国际贸易流程图 38 步骤

课程设计进度安排见表 12-1。

表 12-1　课程设计进度安排表

序号	阶段内容	所需时间/天
1	收集资料	1
2	交易磋商	1
3	进出口合同的履行	1
4	缮制单据	1
5	结汇	1
合计		5

（二）方法指导

通过本课程设计，培养学生在履行国际贸易合同过程中，遇到各个环节具体问题时的解决能力。

（1）独立完成本课程设计。

（2）询盘、发盘、还盘和接受内容用英文撰写。

（3）针对履行合同的各个环节，附有商业单据和金融单据，如商业发票、海运提单、保险单、汇票和信用证等。

（4）每位同学的资料包括签订合同的内容不得相同。

（5）课程设计报告在封面应有课程设计报告的题目，设计人姓名、学号和所属班级，以及课程设计日期（注：可以根据课程设计报告的具体内容，自拟题目）。

（6）课程设计报告内容应包括三部分：进出口公司简介、合同的签订与履行以及自己的感想。

（7）课程设计报告正文内容的撰写及排版应基本符合《本科生毕业论文（设计）撰写规范及要求》。

（8）统一用 A4 纸打印，图、表要有名称、标号，要求 3 000 字以上。

五、 设计考核与成绩评定

考核与成绩评定内容及方法见表 12-2。

表 12-2 “国际贸易实务”课程设计评分表

序号	评定项目	评分成绩/分
1	资料选择合理、简明、全面	10
2	市场调查方案合理可行	10
3	询盘、发盘、还盘和接受过程详细，逻辑严密，语法正确	30
4	合同的履行步骤程序正确，主要单据填写规范	30
5	设计报告的排版	10
6	态度认真、学习刻苦、遵守纪律	10
	总分	100

注：优（90 ~ 100 分）、良（80 ~ 89 分）、中（70 ~ 79 分）、及格（60 ~ 69 分）、不及格（60 分以下）。

六、 指导书说明

国际贸易实务课程设计安排在国际物流（含国际贸易基础）教学环节完成以后，指导教师由国际物流（含国际贸易基础）任课老师担任，依据国际贸易基础环节教学内容制定，在完成理论学习后，进一步完成该课程设计，有助于学生在加深理论内容的同时，以理论指导实践，更好地掌握国际贸易实务操作。

参考文献

[1] 冷志杰,等:《物流类专业课程实验指导书(二十一世纪普通高等院校实用规划教材·物流系列)》,北京:清华大学出版社,2010 年。

[2] 王成林:《物流实验实训课程》,北京:中国财富出版社,2015 年。

[3] 王建华,黄贤凤:《生产物流系统建模与仿真》,北京:电子工业出版社,2014 年。

[4] 张金城,吕新民:《管理信息系统实验指导书》,北京:北京大学出版社,2013 年。

[5] 邓晓红:《管理信息系统实验指导与课程设计》,北京:机械工业出版社,2006 年。

[6] 冷柏军,张玮:《国际贸易理论与实务》,北京:中国人民大学出版社,2012 年。

[7] 马汉武:《设施规划与物流系统设计》,北京:高等教育出版社,2005 年。